Hans Driesch

Leib und Seele

Das Psycho-Physische Grundproblem

Verlag
der
Wissenschaften

Hans Driesch

Leib und Seele

Das Psycho-Physische Grundproblem

ISBN/EAN: 9783957008985

Auflage: 1

Erscheinungsjahr: 2016

Erscheinungsort: Norderstedt, Deutschland

Hergestellt in Europa, USA, Kanada, Australien, Japan
Verlag der Wissenschaften in Hansebooks GmbH, Norderstedt

Verlag
der
Wissenschaften

LEIB UND SEELE

EINE UNTERSUCHUNG ÜBER DAS PSYCHO-PHYSISCHE GRUNDPROBLEM

VON

HANS DRIESCH

ZWEITE VERBESSERTE UND TEILWEISE
UMGEARBEITETE AUFLAGE

LEIPZIG

VERLAG VON EMMANUEL REINICKE

1920

Vorwort

In dieser Schrift soll die Möglichkeit der Lehre vom psychophysischen Parallelismus sachlogisch geprüft werden, d.h. es soll untersucht werden, ob der ordnungshafte, der „logische" Bau der psychischen und der physischen Sachverhalte die Annahme dieser Lehre zuläßt oder nicht. Die Prüfung wird insofern eine vollständige sein, als alle von anderen und von mir selbst gesehenen Gründe und Gegengründe Erwähnung finden werden; eingehend dargestellt freilich wird nur werden, was entweder sehr bedeutsam oder was neu ist. Aus dem bekannten großen Werk von L. Busse, *Geist und Körper, Seele und Leib* (1903), aus R. Eisler's *Leib und Seele* (1906), B. Erdmann's *Die wissenschaftlichen Hypothesen über Leib und Seele* (1908), sowie aus der Schrift von A. Klein, *Die modernen Theorien über das allgemeine Verhältnis von Leib und Seele* (1906) mag der Leser ergänzen, was ihm ergänzungsbedürftig erscheint; die Werke von E. Becher, Mac Dougall u. a. sind im Texte genannt.

Die parallelistische Lehre wird in dieser Schrift — aus sehr guten Gründen, wie ich denke — abgelehnt werden; was aus solcher Ablehnung alles folgt, insonderheit, wie denn nun psycho-physische „Wechselwirkung" im einzelnen zu denken ist, das gehört nicht mehr zum Gegenstand unserer Untersuchung. Der Leser, welcher hier weitere Aufklärung wünscht, mag auf den zweiten Band meiner *Philosophie des Organischen*

(1909) verwiesen sein; hier mündet ja das psychophysische in das biologische Grundproblem ein.

Der Inhalt des Abschnittes V dieser Schrift, welcher einen neuen und, wie ich meine, entscheidenden Gedanken in Sachen des psychophysischen Problemes bringt, war ursprünglich dazu bestimmt, auf dem internationalen Kongresse für Philosophie in London im Jahre 1915 vorgetragen zu werden; er wurde in seinen Grundzügen mitgeteilt im Rahmen eines Vortrages über das gesamte psychophysische Problem, zu dem mich die Senkenbergsche Gesellschaft in Frankfurt vor etwa Jahresfrist einlud.

Das psychophysische Problem gehört zu dem Verwickeltsten und Schwierigsten, was es gibt. Seine Behandlung setzt Schulung in der Logik, der Psychologie, der Naturwissenschaft und namentlich in der „Phänomenologie" voraus. Ich hoffe gleichwohl, den Gegenstand in einer Weise dargestellt zu haben, daß jeder Gebildete den Beweisgängen zu folgen vermag; und ich meine, gerade in den gegenwärtigen Zeitläuften müßte jeder Gebildete Anteil nehmen an Fragen, welche jedenfalls eine sehr wesentliche Seite des Problemes „Mensch", ja, welche vielleicht den Kern dieses Problemes bilden.

Meinem verehrten Verleger, Herrn Dr. E. Reinicke, bin ich herzlich dankbar für sein mir altbekanntes und jetzt in neuer Form bewährtes Entgegenkommen.

Heidelberg, den 7. März 1916.

Hans Driesch

Vorwort zur zweiten Auflage

Etwa vier Jahre nach der ersten Veröffentlichung ist zu meiner Freude eine neue Auflage dieser Schrift nötig geworden. Inhaltlich bringt diese zweite Auflage dasselbe wie die erste, von einigen Zusätzen und Verbesserungen abgesehen; dagegen ist sie in ihrem letzten Drittel wesentlich umgestaltet worden in ihrer Form. Der „Anhang" der ersten Auflage ist in den Text hineinverarbeitet worden, der Text selbst aber ist in seinen einzelnen Abschnitten teilweise umgruppiert.

In der neuen Form bringt die Schrift nicht nur „Kritik" mit einigen beigefügten positiven Zusätzen, sondern sie bringt nach dem ersten kritischen Hauptteil, der sich, wie gesagt, im ganzen mit dem Text der ersten Auflage deckt, einen zweiten Hauptteil systematisch aufbauenden Charakters. Diesen zweiten Hauptteil zu einen, wenn auch nur kurzen eigentlichen System der gesamten Psychologie auszugestalten unterließ ich, da der Umfang der Schrift nicht wesentlich erweitert werden sollte. Aber positiv systematisch mit Rücksicht auf das Problem „Leib und Seele" ist die Schrift jetzt geworden, und ich glaube, daß das gegenüber den nur gelegentlichen aufbauenden Bemerkungen der ersten Ausgabe eine wesentliche Verbesserung bedeutet.

Cöln, 29. Mai 1920.

Hans Driesch

Inhalt

Erster Teil

Kritik des psycho-physischen Parallelismus in seiner hergebrachten Form.

————

I. Die Aufgabe.

1. Die übliche Lehre vom psycho-physischen Parallelismus.

Dieses ist die heutige Lehre vom sogenannten psycho-physischen Parallelismus: „Das Physische" im Sinne der mechanischen Naturauffassung und „das Psychische" sind zwei gesonderte Reiche des Daseins und Werdens, oder auch nur des Daseins, zwei Reiche, welche in keiner Form von Werde- oder Wirkungsgemeinschaft in bezug aufeinander stehen, welche sich aber in ihrem Sosein durchgängig entsprechen, derart, daß jedenfalls kein psychisches Wirkliches ohne physisches, vielleicht auch kein physisches Wirkliches ohne psychisches Gegenstück ist.

Es ist in diesen Satz bereits einbeschlossen, inwiefern es, sozusagen, Spielarten der Lehrmeinung im gemeinsamen Rahmen der Lehre vom psycho-physischen Parallelismus geben kann und gibt. Nicht alle „Parallelisten" kennen ein vollständiges Sich-Entsprechen des Daseins und des Werdens in beiden Reichen, denn psychisches Werden und Wirken kennen viele eben nicht, nur psychisches Da- und Sosein gibt es für sie. Und andere lassen zwar alles psychische Wirkliche sein physisches, aber nicht alles physische Wirkliche sein psychisches Gegenstück haben. Beide Abarten der Lehre können zusammenfallen; sie brauchen es aber nicht, denn man kann „psychische Kausalität" mit physischem Kausalitätsgegenstück lehren und doch psychische „Korrelate" für alles Physische ablehnen.

In dieser Studie soll nun aber nicht auf die verschiedenen Abarten der parallelistischen Lehre, deren am meisten dem „Materialismus" zugeneigter Zweig der sogenannte „Epiphänomenalismus" ist, eingegangen werden, sondern nur auf das, was allen gemeinsam ist und passend der Kernpunkt der Lehre vom Parallelismus überhaupt heißen könnte. Das aber ist, um es noch einmal mit anderen Worten zu sagen, der Satz:

Was es an Psychischem gibt, bestehe es nur in Sein oder auch in Werden und Wirken, das ist jedenfalls physisch in Rücksicht auf seine Letztheiten (Elemente) und seine Beziehungen zwischen seinen Letztheiten restlos „abbildbar"; „das Physische" aber in seiner Gesamtheit ist durchaus und lediglich ein mechanisches (oder energetisches oder elektrodynamisches) System.

Was die Worte *Dasein, Sosein, Werden, Wirken* („Kausalität") einerseits, was die Worte Physisches oder *Naturhaftes* und Psychisches oder *Seelenhaftes* andererseits bedeuten, wird einstweilen als bekannt vorausgesetzt. Die üblichen Begriffsinhalte, die jeder mitbringt, genügen zunächst zum Verständnis unserer Darstellung. In meiner „Ordnungslehre" sind alle diese Ordnungsbegriffe entweder in Schärfe hingesetzt oder, wo es angeht — (es geht aber nur beim *Werden*, beim *Wirken*, d. h. bei der *Folgeverknüpfung* oder „Kausalität", bei *Natur* und bei *Seele* an, denn *Dasein* und *Sosein* sind Urbegriffe) — streng umgrenzt („definiert") worden [1]; darauf kommen wir später zurück. —

Auf die Geschichte der parallelistischen Lehre soll hier nicht eingegangen werden; daß die Namen Spinoza [2] und Fechner mehr als andere mit ihr verknüpft sind, ist allbekannt.

Und nur kurz erörtert sollen werden die verschiedenen philosophischen Grundstandpunkte, von denen aus die Frage nach der Richtigkeit oder Falschheit der parallelistischen Lehre überhaupt sinnvoll erstehen kann:

Auf echt „metaphysischem" Boden, sei er jeder Erkenntnis-„Kritik" gegenüber naiv oder nicht, hat die Lehre vom Parallelismus ohne weiteres einen ganz klaren Sinn. Da sind eben zwei Reiche, etwa weil die Substanz zwei Attribute hat, durch deren jedes sie sich vollständig ausdrückt; und in diesen beiden Reichen „entspricht" einander Alles und Jedes. Was da gemeint ist, unterliegt keinem Zweifel. Aber ebensowenig unterliegt einem Zweifel, daß auf metaphysischem Boden auch eine andere als die parallelistische Lehre, also etwa die kartesianische, möglich ist. Aus dem Begriff „Metaphysik" ergibt sich also nicht etwa die Entscheidung über die Richtigkeit der einen oder der anderen Lehre über das Verhältnis zwischen Physis und Psyche; die Entscheidung ist aufs deutlichste eine Sachangelegenheit besonderer Art.

---

[1] Vgl. Ordnungslehre (1912), S. 38ff., 124—138, 173ff., 317ff.

[2] Spinoza darf freilich nur mit vielen Einschränkungen als Vater des modernen Parallelismus ausgegeben werden; die Körperwelt und die Denkwelt, beide als Ganzes genommen, sind nach ihm „eigentlich" Dasselbe; auf die Beziehungen zwischen Erleben und Hirnprozeß reflektiert er im Einzelnen nicht.

Aber auch auf dem Boden der reinen *Ordnungslehre*, welche nur meinen Erlebtheitsinhalt mit seiner Ordnung untersucht, kann sinnvoll, obschon nicht sehr bedeutungsvoll, sowohl vom Parallelismus als auch von seinem Gegensatz als von Möglichkeiten geredet werden. Denn die Ordnungslehre kennt ja eben aus Ordnungsgründen den Begriff der *gleichsam* selbständigen Gegenstände, der Gegenstände, welche ich so „meine", *als ob* sie für sich selbständig wären. Dieser *als ob* - Gegenstände aber gibt es *naturwirkliche* und *seelenwirkliche*, und es ist immerhin sinnvoll nach Abbildung oder Wirkung in bezug auf beide Arten von Gegenständen zu fragen. Daß auch auf Kantischem Boden die Frage „Parallelismus oder sein Gegensatz" sinnvoll aufgeworfen werden kann, ergibt sich aus dem Gesagten von selbst und ist vor einigen Jahren von Stumpf[1]) und Simmel[2]) und neuerdings wieder von Mac Dougall[3]) ausdrücklich betont worden. Ist doch Kants Lehre nichts anderes als Ordnungslehre mit Resten einer realistischen Metaphysik gemischt. Diese Reste treten bekanntlich in dem Begriffe des „Dinges an sich", an dessen Dasein ja nicht gezweifelt wird, und in dem Begriffe der „Affektion der Sinnlichkeit" deutlich zutage. Übrigens wird von Kant selbst die aprioristische Möglichkeit beider Lehren vom Verhältnis des Psychischen zum Physischen zugegeben[4]).

Ist also auf metaphysischem Boden und auf dem Boden echter „Kritik", d. h. demjenigen der Ordnungslehre, das

---

[1]) Leib und Seele, eine Rede. Leipzig, J. A. Barth, 1903; vgl. zumal die sehr zu beherzigenden Darlegungen auf S. 30f.

[2]) Kant, 1904, S. 72.

[3]) Body und Mind. London 1911, S. 181ff.

[4]) Kritik d. r. Vern. 1. Aufl., Schlußabschnitt der Lehre von den Paralogismen („Betrachtung über die Summe der reinen Seelenlehre").

Aufwerfen der Frage nach der Berechtigung des Parallelismus möglich, so ist dagegen die Frage nach seiner Berechtigung schon als Frage nicht möglich, wenn, wie es heutzutage nicht selten ist, ohne weitere Rechtfertigung das bekannte *esse = percipi* Berkeleys — (freilich mit einer ziemlich weiten Bedeutung des percipi, derart, daß es soviel wie „bewußt gehabt sein" bedeutet) —, in einer den Absichten seines Erfinders allerdings nicht ganz entsprechenden Weise, zu einem der Ausgänge alles Philosophierens gemacht wird: In Wirklichkeit sind „viele Iche", so wird da gesagt, aber Physisches „ist" nur als aktuelles *perceptum* oder *conceptum*, d. h. als „angeschautes" oder als „gemeintes", aber aktuell gemeintes, seitens eines dieser Iche. Daß auf diesem Boden die Lehre des Parallelismus von vornherein keinen überhaupt klar angebbaren Sinn hat, ist fraglos: das eine Ich, A, habe bewußt den Inhalt $\sqrt{2}$; daß nun diesem Haben des A ein Zustand im physischen Hirn des A „entspreche", ist hier darum sinnlos, weil dieser Hirnzustand ja der Vorraussetzung nach nur als ein von einem anderen Ich, sagen wir von B, bewußt gehabter „ist". Also gehört zum mindesten ein bewußt habendes B zum physischen Korrelat des Habens des A; soll nun das bewußte Haben seitens des B wiederum ein „physisches Korrelat" haben, so „ist" dieses wiederum nur als von einem C bewußt gehabtes. Und so geht es ohne Ende weiter; die ganze Fragestellung war sinnlos[1]), was sie, wie gesagt, auf dem Boden der reinen, mit dem Begriffe des *als ob*, des *Gleichsam-selbständig-seins* alles Naturwirklichen arbeitenden Ordnungslehre nicht ist. Denn die Ordnungslehre,

---

[1]) Vgl. Leclair, Realismus der modernen Naturw. 1877, S. 102f. und meine Philosophie des Organischen. II. S. 295ff. (englische Ausgabe II, S. 289ff.). (Eine neue Auflage meines Werkes soll 1921 erscheinen.)

wenn sie von *Natur* redet, nimmt das Seinsreich der Natur ein
für allemal als in seinem Gleichsam-selbständig-sein erledigt; sie behauptet aber nicht, daß ein bestimmtes Naturwirkliches um zu „sein" aktuell angeschaut oder auch nur
gemeint sein müsse.

Daß endlich die psycho-physische Frage nicht auftritt,
daß sie gar nicht auftreten kann, wenn *Ich* nur „mein"
Erleben als Erleben in seiner Abfolge beachte und den
Begriff des gleichsam selbständigen Naturdinges gar nicht
bilde, oder vielmehr von dem vorphilosophisch naiv gebildeten
Begriff des Naturdinges bewußt absehe, das bedarf keiner
besonderen Erörterung.   Anderenorts [1]) mag eine durch-
geführte Darstellung der alsdann bestehenden Sachlage nach-
gelesen werden.

2. Die Begriffe „sachlich" und „forderungsmäßig".

Nachdem wir in Kürze erörtert haben, was die Lehre
des Parallelismus bedeutet und auf welchen allgemeinen
Grundlagen sie überhaupt möglich ist, treten wir sogleich an
die eigentliche Aufgabe dieser Studie heran: Wir wollen die
Lehre vom psycho-physischen Parallelismus auf ihre sachliche Richtigkeit, ja sogar auf die grundsätzliche Möglichkeit
ihrer sachlichen Richtigkeit hin prüfen.

Diese Absicht gibt zugleich unserer Überzeugung Ausdruck, daß es sich hier um eine Sachfrage, und nicht etwa
um irgend etwas Postulatorisches oder Axiomatisches handelt,
daß aber freilich die „Sach"angelegenheit eine solche ist, daß
sie auf Grund gewisser weniger recht allgemeiner Sachein-
sichten ein für allemal entschieden werden kann.

----

[1]) Phil. d. Org. II, S. 271 ff. (engl. Ausg. S. 266 ff.)

Welches aber ist der klare Sinn der Begriffe *sachlich* und *forderungsmäßig* oder postulatorisch? Besteht da überhaupt ein ganz scharf abgrenzbarer Unterschied?

Im Rahmen der *Ordnungslehre* erledigt sich diese Frage, und zwar mit dem Ergebnis, daß ein ganz scharfer Unterschied hier in der Tat nicht besteht; denn sowohl forderungsmäßige wie sachliche Begriffe sind *Ordnungsbegriffe*.

Alle Ordnungsbegriffe oder „Ordnungszeichen“ nun werden in und mit der geordneten Erlebtheit zugleich erlebt und werden aus dem Erlebtsein oder „Gehabtsein“ heraus festgehalten als ordnende Zeichen. Gewisse dieser Zeichen gelten in ihren einmal erfaßten Bedeutungen — das weiß ich als Ordnung Schauender — ein für allemal für alle „Gegenstände“ im weitesten Sinne dieses Wortes, also auch für alle irgendwie und irgendwann noch einmal zu erlebenden Gegenstände. Das sind die Urordnungsbegriffe und Urordnungssätze, also Begriffe wie *dieses, solches, verschieden, so viele* usw., Sätze wie *X ist A oder Nicht-A*. Gewisse andere Zeichen oder Bedeutungen gelten von vornherein wenigstens für alle Gegenstände gewisser, wiederum ihrerseits aus Ordnungsgründen zusammengefaßter Gegenstandsgruppen, nämlich für die Gruppen mittelbarer, „gemeinter“ Gegenstände, welche *naturwirkliche* oder *seelenwirkliche* Gegenstände heißen. Im Rahmen dieser Gruppen „sollen“, wenn der Ausdruck erlaubt ist, diese Zeichen auch für alle irgendwie und irgendwann noch einmal mittelbar zu erlebenden Gegenstände gelten. Begriffe wie das *Beharrliche,* wie *Werdegrund-Werdefolge* („Substanz“ und „Kausalität“) gehören hierher. Daß aber solche Begriffe und ihnen entsprechende Sätze für alle Gegenstände einer Gruppe, also etwa für alle Gegenstände der *Natur* gelten können, das trägt eben ihre Bedeutung, wenn sie klar erfaßt wird, ohne weiteres an sich.

Hier haben wir das *a priori* in seinem klaren Sinne vor uns. Gefunden oder, besser, „gehabt" wird die Bedeutung solcher gänzlich oder sehr allgemeinen Ordnungszeichen im Wege des Erlebtseins; in einer Weise, die weder „a priori" noch „a posteriori" heißen darf. Aber mit dem Haben ihrer Bedeutung habe ich zugleich das Wissen um ihre Gültigkeit für alles, was da überhaupt oder was im Rahmen einer bestimmten Gegenstandsgruppe erlebt werden kann. Ich habe ihre Bedeutung und das Wissen um die „ewige" Gültigkeit ihrer Bedeutung, so wahr Ich Geordnetes habe, und so wahr Ich die Bedeutung von *Ordnung* in geheimnisvoller, unaufhellbarer Weise „vorwissend" kenne[1]).

Aber alle anderen „Begriffe", und zumal, in besonderer Schärfe, die „wissenschaftlichen", sind nun freilich auch ordnenden Wesens. Und hier gibt es wiederum Begriffe weiterer und Begriffe engerer Gültigkeit. Die Begriffe (und Sätze) der Mechanik zum Beispiel gehören zu ersteren: sie gelten für alles reine Bewegungswerden „grober Massen" im Raume; sie sind von besonderer denkhafter Durchsichtigkeit und Einfachheit. Aber sie gelten nur, wenn und wo es lediglich solche Naturwirklichkeiten „gibt", wie sie durch die Begriffe Newtons gekennzeichnet werden. Ich weiß nicht immer, ob und wo das der Fall ist; nicht einmal für die sogenannte „unbelebte" Welt weiß ich es ganz sicher. Ich nehme es hier vorläufig an, denn alsdann wäre die von mir zu bewältigende Ordnungsaufgabe rasch erledigt. Aber die sachlichen Verhältnisse, das weiß ich, müssen letzthin entscheiden; sie in ihrer „Sachlichkeit" sollen doch eben geordnet werden. Was wäre eine „erwünschte" Ordnung, welche Sachlichkeit nicht deckte?

---

[1]) Vgl. meine Ordnungslehre (1912), S. 14ff., Die Logik als Aufgabe (1913), S. 1—8, Wissen und Denken (1919), S. 13ff.

Hier treffen wir denn also auf die Begriffe *forderungs-mäßig* und *sachlich*, als auf Begriffe, die voneinander verschieden sind; und wir treffen zugleich auf einen möglichen Widerstreit beider.

Alles, was wir ausgemacht haben, zeigt aber, so scheint mir, daß der Übergang vom Forderungshaften zum Sachlichen im engeren Sinne, besser zum Sachdeckenden, ein allmählicher ist. Die Urordnungsbegriffe sind doch auch „sachdeckend“, sie decken eben ordnend alle möglichen „Gegenstände“. Und gewisse Aussagen über Beharrlichkeit und Verknüpftheit im Werden („Substanz“ und „Kausalität“) decken sachlich jedenfalls alles „Naturhafte“. Mit der Erfassung der Bedeutung dieser Begriffe und Sätze kenne ich zugleich das Bereich ihrer Sachdeckung, mit jener Erfassung zugleich weiß ich, daß ich die unbeschränkte Gültigkeit z. B. dieser Naturbegriffe und Naturaussagen für alle Natur fordern darf.

Aber doch eben nur für alle *Natur*, nicht, zum Beispiel, für das Kommen und Gehen meiner Erlebtheiten als unmittelbarer Erlebtheiten. Und dieser Gedanke hilft uns weiter und klärt zugleich auf, wie es zu einem Widerstreit zwischen Forderungsmäßigem und Sachlichem kommen kann.

Sachdeckung im engeren Sinne wird verlangt von allen solchen Begriffen und Aussagen über Naturwirkliches — um uns hier auf dieses zu beschränken —, welche beschränkte Bezirke der Natur ordnend fassen sollen, mögen das auch sehr weite Bezirke sein. In ihrem beschränkten Bezirke sind sie fordernd; Sachdeckung und forderungshaftes Wesen stehen einander also an und für sich nicht entgegen. Aber sie sind nur fordernd, insofern es sich wirklich um den von ihnen sachgedeckten Bezirk handelt und insofern dieser Bezirk erschöpfend erfaßt ist. Das beides aber kann ich nie wissen; das „erfahre“ ich erst „a posteriori“. Die Geltung „a priori“ von Ordnungsbegriffen für einen beschränkten Bezirk darf ich also immer nur mit Einschränkung, und zwar mit doppeltem „wenn“ versehen, fordern, und zwar auch wenn dieser Bezirk, wie z. B. „die sogenannte unbelebte Natur“, sehr weit ist.

In der Natur menschlichen Wissens liegt dieser Widerstreit, liegt, wie wir auch sagen können, diese Vorläufigkeit alles besonderen „A priori“ begründet. Es gilt eine Ordnungsbedeutung, „wenn“ wirklich das vorliegt, für was ihre Gültigkeit ausgesagt war, und „wenn“ wirklich erschöpfende Kenntnis des Vorliegenden bestand.

Die Entwicklung der neueren, an die Elektrodynamik ganz vornehmlich anknüpfenden Physik zeigt deutlicher als alles andere den Widerstreit zwischen dem beschränkten „a priori“ und dem „a posteriori“. Man hätte so gern die Newtonisierung der Physik — aber „es wird wohl nicht gehen“; man erschaut jedenfalls das, was man von Physik weiß, noch nicht ordnungshaft als Sonderfall Newtonischer Sonderordnung. Und man ist gewissenhaft.

3. Vom „kategorialen Dogmatismus“.

Von „kategorialem Dogmatismus“, zu deutsch: von unbegründetem ordnungshaftem Glauben, kann man dann reden, wenn es an einer bestimmten Art von Gewissenhaftigkeit des Denkens fehlt — eine Wendung, die natürlich keinen sittlichen Vorwurf irgendwelcher Art einschließen soll, sondern nur ein Übersehen, das Übersehen eines Bedeutungshaften nämlich, feststellen will.

Hier kommen wir nun wieder auf unseren eigentlichen Vorwurf, den „psycho-physischen Parallelismus“, der in seiner hergebrachten Form ja ein „psycho-mechanischer“ Parallelismus ist.

Kategorialer Dogmatismus wäre es nämlich, die Richtigkeit der parallelistischen Lehre ohne weitere Sonderuntersuchung von vornherein als „notwendigerweise richtig“ hinzustellen, und zwar, indem man mit Rücksicht auf das Naturwirkliche, auf die „Physis“, ohne weiteres behauptet, es „müsse“ sich da um ein in sich geschlossenes, undurchbrechbares „mechanisches System“ im engen Sinne des Wortes handeln. So zu lehren aber wäre deshalb kategorialer Dogmatismus, weil man eben mit Rücksicht auf den Begriff des ordnungshaft Verbindlichen, mit Rücksicht auf den Begriff des Forderungshaften, die nötige Gewissenhaftigkeit nicht hätte walten lassen, weil man „unbegründet ordnungshaft geglaubt“ hätte. Und man hätte unbegründet ordnungshaft geglaubt, man wäre kategorial dogmatisch gewesen, weil man eben nicht beachtet hätte jene beiden Arten von „wenn“, welche jede Forderungsaussage über Sondergebiete des Naturwirklichen einschränken.

Verbindlich, sobald sie überhaupt einmal „gehabt“ sind, sind ja für alle Natur lediglich die allgemeinen an die Begriffe *Substanz* und *Kausalität* geknüpften Forderungen: Natur soll gefaßt werden, als ob sich bei allem Werden in ihr irgend ein *Beharrliches* erhielte, und als ob irgend eine Veränderung in ihr nach rückwärts hin einen *zureichenden Grund* hätte, nach vorwärts selbst ein solcher wäre. Das allein ist, wenn einmal in seiner Ordnungsbedeutung erfaßt, für alle Naturwirklichkeit verbindlich, so wahr Ich Ordnung dieser Naturwirklichkeit will. Und ich darf an „Naturfaktoren“ setzen, was immer ich brauche, um meine Forderung durchzusetzen — (womit freilich „metaphysisch“ noch gar nichts ausgemacht ist).

Aber daß alles Naturgeschehen „mechanisch" im Newtonischen Sinne sein „müsse", das ist ganz und gar nicht ausgemacht, das ist kein Grunderfordernis für Naturordnung überhaupt. Steht doch schon die Physik dieser Aussage vorsichtig gegenüber; sie wäre gewiß einfach und erwünscht, aber notwendig für Ordnung überhaupt ist sie nicht. Und weiter: nicht einmal, daß alle „Ursachen" in der Natur Veränderungen im Raume seien, ist notwendige Voraussetzung der Naturordnung. Nur, wo mit Sicherheit lediglich ein rein-räumliches Werdegetriebe in Frage steht, ist das der Fall; nur „wenn" solches Getriebe in Frage steht!

Wer mit dem Parallelismus zugleich die Ausschließlichkeit des Naturmechanismus behauptet — und wir wollen ja unter „Parallelismus" gerade auch die Lehre von dieser Ausschließlichkeit verstehen — der ist also deshalb ein „kategorialer Dogmatiker", weil er Ordnungsaussagen, die für Sonderbezirke der Natur, „wenn" wirklich sie als diese Sonderbezirke vorliegen, verbindlich sind, zu für alle Natur überhaupt verbindlichen Ordnungsaussagen macht.

Denn das ist das Wesen alles kategorialen Dogmatismus überhaupt: behaupten, daß, was für Einige gilt, für alles gelte, und nicht sehen, daß nur wenige Ordnungsaussagen das Zeichen des „für alles Geltens" an sich tragen.

4. Die Sache selbst.

Aus der Sache selbst heraus, aus dem heraus, was in Frage steht, muß also die Entscheidung in der Frage des Parallelismus getroffen werden. Die „Sache selbst" aber ist in erster Linie denn doch *das Seelische*; und eine andere Sache, mit der es verglichen werden soll, ist *das Mechanische* im engen Sinne, jedenfalls *das Physikalisch-Chemische*.

Sonderordnungsaussagen, von grundlegender Art freilich, suchen wir für beides. Und wir werden sie finden, so, wie man überhaupt Wissensergebnisse „findet" — weder „a priori" noch „a posteriori", sondern *schauend*. Und wenn wir sie haben, werden sie in Zukunft *a priori* gelten, aber nur, „wenn" wir die Sache selbst wirklich erschöpfend kannten, also stets „a posteriori" verbesserbar, und nur für den Sonderbezirk, für den sie als gültig erschaut worden sind.

Aus der Gesamtheit des sogenannten „Seelischen" heraus sollen also gewisse wesentliche Kennzeichen ordnungsmäßiger Art herausgeholt und festgehalten werden; Kennzeichen, welche das Seelische recht eigentlich zu dem machen, was es ist. Ohne weiteres ist dabei klar, daß das Seelische seinem Sosein und seiner Abfolge nach betrachtet werden muß, „statisch" und „dynamisch", wenn man so will; aber nur auf seine großen Kennzeichnungszüge hin. Aber was ist denn unter „dem Seelischen" zu verstehen?

Sagen wir darüber an dieser Stelle nur das Nötigste: Die Ordnungslehre hat ihre Gründe, den Begriff *die Seele* als Inbegriff eines besonderen Kreises oder Reiches des Seins und Werdens gleichsam selbständiger Gegenständlichkeiten zu setzen[1]). Mit diesem Reiche befaßt sich die Psychologie, und sie tut das, indem sie eine Menge von Hilfsbegriffen im Dienst der Lehre vom seelischen Werden und Wirken schafft, Begriffe, welche nicht eigentlich bewußt Gehabtes als solches meinen, sondern „Unbewußtes" und doch „Seelisches", das eben das eigentlich bewußt Gehabte in der Besonderheit seines Kommens und Gehens „erklären" soll. Aber kann „das Seelische" in diesem Sinne des „Unbewußt-Seelischen", den

---

[1]) Ordnungslehre, S. 314ff., Wissen und Denken (1919), S. 43ff.

der Psychologe kennt, unser eigentlicher Untersuchungsgegenstand bei der Prüfung der Berechtigung der parallelistischen Lehre sein? Nein. Das *Seelische* nämlich, von dem der Parallelismus redet, ist das Bewußt-Gehabte, das Erlebte in seinem Erlebtsein; gerade ihm soll Physisches „parallel" gehen. Da wird denn also von uns ausschließlich das, was im Sinne Husserls *Phänomenologie* genannt wird, zu treiben sein. Es gilt sich zu besinnen auf das, was ich als dem „Bewußten" im unmittelbaren Sinne wesentlich schaue. Übrigens kann das alles für die Absichten dieser Schrift, wenigstens in ihren ersten Abschnitten, in gleichsam naiver Weise geschehen, nachdem an anderen Stellen[1]) das eigentlich ordnungsmäßig Grundlegende, um das es sich hier handelt, zusammenhängend erörtert worden ist.

Die Frage ist also: Was erschauen wir als die dem Erlebten als Erlebtem wesentliche „Struktur", und erlaubt das, was wir hier erschauen, wenn es mit der „Struktur" des Mechanischen verglichen wird, die Lehre vom psychophysischen Parallelismus?

Nicht also, um das ganz besonders hervorzuheben, gehen wir aus von so etwas wie „dem Begriff des Bewußtseins", „dem Begriff der Seele" oder ähnlichem. Wir setzen sogar einen für die reine Psychologie als solche vielleicht brauchbaren Begriff *Seele* zunächst ganz beiseite. Die Gesamtheit dessen, was *Ich bewußt habe*, ist uns Ausgang und wird uns immer Hauptsache bleiben. So allein schützen wir uns vor jeder Voreingenommenheit. Und unser strenges Festhalten an diesem allein klaren und deutlichen Ausgange einer Prüfung der Lehre vom Parallelismus wird sich, in den letzten Abschnitten des ersten Teiles dieser Schrift zumal, als viel wesent-

---

[1]) Ordnungslehre, S. 298—322, und Logik als Aufgabe.

licher erweisen, als es vielleicht auf den ersten Anblick
scheint.

Wir wollen nun die Betrachtung mit Untersuchungen
allgemeiner und unbestimmter, und eben darum nicht eigentlich entscheidender Art beginnen und wollen zu immer be-
stimmteren und entscheidenderen Erörterungen vorschreiten.
Bekannte Gedankengänge werden wir kurz, wenig bekannte
oder neu hinzukommende werden wir eingehend behandeln.
Es wird sich zeigen, daß leider das Meiste des „Bekannten"
sich mit dem Allgemeinen, dem Allzu-allgemeinen und darum
Unbestimmten, nichts Entscheidenden deckt. Es wird sich
andererseits zeigen, daß gerade erst das Erwägen des Besonderen, das eigentliche tiefe Hineingehen in „die Sache
selbst", wenigstens ihren grundlegenden Beziehungen nach,
die Entscheidung bieten kann.

II. Unbestimmte Gründe für und wider die parallelistische Lehre.

A. Ein Grund für die Lehre.

Es gibt nur einen unbestimmten Allgemeingrund für
die parallelistische Lehre, und das ist die Erwägung, daß
ihre Annahme die Naturlehre besonders einfach gestalten würde. Den Parallelismus annehmen heißt ja zugleich die Lehre vom durchgängigen Natur-Mechanismus, oder
wenigstens die Lehre von der All- und Alleingültigkeit der
Gesetze der Physik und Chemie in der Natur behaupten; und
wenn man das dürfte, wäre *Natur* sicherlich ein einfacher zu
bewältigendes Ding, als wenn man es nicht dürfte[1]).

---

[1]) Ich sehe dabei von der Frage des „Zufalls" ausdrücklich ab.
Im Grunde läßt ja der echte Mechanismus das *hic et nunc* jeder Er-

Aber das zeigt nicht die Notwendigkeit, sondern höchstens eine gewisse Art von Erwünschtheit der Annahme der parallelistischen Lehre. Denn physikalisch-chemisches Werden, oder gar newtonisch-mechanisches, ist nicht die einzig mögliche Form des Naturwerdens, wie ich an anderem Orte sehr eingehend gezeigt habe [1]). Es ist eine Ordnung der Natur bei Zulassung noch dreier anderer Grundformen des Werdens möglich. Und, was vielleicht noch mehr bedeutet, es läßt sich ein ganz klares Bild davon entwerfen — obwohl freilich kein „anschauliches“ Bild —, wie jene anderen möglichen Werdeformen mit dem mechanistischen Werden, im weitesten Sinne des Wortes, ineinander greifen [2]).

Einfacher, das ist gewiß, wäre Natur, setzungssparsamer wäre sie zu fassen, wenn es nur mechanistisches Werden gäbe [3]), und erst recht wäre sie das, gäbe es nur newtonisch-mechanisches. Auch die Geometrie wäre einfacher, wenn es keine dritte Dimension „gäbe“ — aber es „gibt“ sie eben! Und auch physikalisch scheint es etwas zu „geben“, das sich dem einfachen newtonischen Mechanismus nicht fügt, welchem gegenüber wiederum ein rein kinetischer Mechanismus noch

scheinung zufällig sein, „erklärt“ es also gerade nicht; er vernachlässigt es, setzt es beiseite. Die Welt als *eine Ordnung* fassen, würde, wenn es anginge, viel mehr „erklären“, freilich den echten Mechanismus beseitigen, und zwar auch für die unbelebte Welt. Näheres über diese und verwandte Fragen in meiner Wirklichkeitslehre (1917), S. 250ff.

[1]) Ordnungslehre, 1912, S. 173—187.

[2]) Phil. d. Org. II, S. 178—229 (engl. Ausg. S. 176—226) und Sitzungsber. Akad. Heidelberg 1919, Nr. 18, S. 16ff.

[3]) Unter dem Gesichtspunkt der Sparsamkeit hat zur Straßen wiederholt und jüngst wieder (Die Kultur der Gegenwart, „Allg. Biologie“, III., IV., I., S. 87ff.) den Mechanismus verteidigt. Er hält einen „Vitalismus“ nicht für grundsätzlich unmöglich, aber er scheint ihm nicht bewiesen zu sein. Zur Straßen ist also nicht ein „dogmatischer“ Mechanist, wie ich irrtümlich einmal geglaubt habe (vgl. Güldenkammer II, 1911, S. 77).

„einfacher" wäre. Die Physik ist hier aber verständig und bescheidet sich. Warum soll das die Psychophysik nicht auch tun?

Schlechthin den Mechanismus in irgend einer Form fordern — etwa als „unendliche Aufgabe", wie manche Neukantianer so gern sagen —, das heißt denn doch die eigentliche Sachforschung, die, wie wir wissen, auch durchaus Ordnungsforschung ist, um alles Ansehen, ja mehr, um alle Bedeutung bringen. Es ist das alte „tant pis pour les faits"! Es ist das falsche, das zu frühe Apriori, das Mißachten der beiden „Wenn", von denen wir oben sagten, daß sie jede besondere Ordnungsaussage einschränken. Gewiß, die newtonischen „Prinzipien" sind eine vorzügliche und endgültige Ordnungsformung — „wenn" ein echt „mechanisches" System durchaus durchschaut ist und „wenn" es überhaupt in dem, was zur Untersuchung steht, vorliegt. Daß es vorliegen muß, weiß ich nicht. Ich weiß sogar geradezu aus der Lehre von den möglichen — (den für mich als den an Raumesdaten Geketteten möglichen) — Formen des Werdens, daß es nicht vorzuliegen braucht. Nur das Eine „muß" ich: das Werden eindeutig nach „Analogie" zum Verhältnis des rein logischen Grundes zur rein logischen Folge in sich verknüpfen. Und selbst das „muß" ich ganz rückhaltlos vielleicht nur in der *Ordnungslehre*[1]).

Daß man nicht „verstehen" könne, wie zwei ganz verschiedene Arten von „Substanzen" aufeinander wirken könnten, wird auch gern zugunsten der parallelistischen Lehre angeführt. Aber „versteht" man denn, wie eine Billardkugel, die im Lauf eine andere trifft, auf diese „wirkt"? Man hat da das besondere Naturwirkliche vor sich, und man macht es sich

---

[1]) Vgl. Wirklichkeitslehre, S. 106ff.

ordnungshaft so zurecht, z. B. durch den Begriff der „bewegenden Kraft", der „Masse", daß man es „versteht", d. h. der allgemeinen Form der *Kausalität* zuordnen kann. Ganz ebenso aber kann man, wie ich eingehend gezeigt habe, sich das Wirken eines Nicht-Mechanischen auf ein Mechanisches ordnungshaft zurechtmachen und alsdann „verstehen", und zwar sogar ohne „Verletzung" des Satzes von der Erhaltung der Energie. Daß beidemal dieselbe Schwierigkeit, welche nämlich am Begriff des *Werdens* und *Wirkens* überhaupt hängt, vorliegt, wußten aber schon die Okkasionalisten, zumal Malebranche [1]), welcher für jedes Wirken, auch für den Stoß, auf die Assistenz Gottes zurückgeht.

B. Gründe gegen die Lehre.

1. Die Bedeutungslosigkeit der Geschichte.

Daß auf der Grundlage der parallelistischen Lehre das menschliche Handeln und insonderheit die Geschichte jeder Bedeutung beraubt werde, weil eben die „andere", die *mechanistische* Seite des Handelns und der Geschichte, wenn nicht, was freilich der „Epiphänomenalismus" geradezu lehrt, das Wesentlichere, so doch auf alle Fälle das besser und klarer Durchschaute von beiden „Seiten" sei, das ist ein oft gehörter Gegengrund gegen den psycho-physischen Parallelismus.

Der Mensch werde zum „Automaten", so heißt es, weil er ja eben, jedenfalls „auch", zur Maschine werde. Jedes große geschichtliche Ereignis wäre ebenso abgelaufen, wie es abgelaufen ist, „wenn es gar kein Bewußtsein gäbe".

Nun, ich meine, man hätte sich wohl damit abzufinden, wenn es wirklich so „wäre". Gemütsbedürfnisse kennt die

---

[1]) Entretiens sur la métaph. VII. § 10: Oeuvres, éd. J. Simon, Paris 1871, I., S. 159.

Wissenschaft nicht. Auch könnte man wohl sagen, das Bewußtsein sei doch nun eben einmal „da", wie die Welt einmal ist, und es habe nicht allzuviel Sinn, sich vorzustellen, daß ohne Bewußtsein alles „ebenso" sei.

Im Grunde trifft übrigens, wie mir scheint, dieser Gegengrund gegen die parallelistische Lehre weniger den von ihr behaupteten Mechanismus als die „eine Seite" des Wirklichen, als vielmehr den im Mechanismus mitbehaupteten Gedanken der eindeutigen Bestimmtheit alles Seins und Werdens, die Ablehnung des „Freiheits"gedankens also. Demgegenüber ist denn aber doch zu sagen, daß den Mechanismus ablehnen durchaus noch nicht die „Freiheit" behaupten heißt. Den Mechanismus ablehnen kann sehr wohl heißen, nichtmechanische Formen eindeutigen Bestimmtwerdens behaupten, wie es zum Beispiel der sogenannte „Vitalismus" tut, und wie es im Rahmen der *Ordnungslehre* überhaupt unumgänglich nötig ist. Metaphysik freilich. kann vielleicht — wir wollen das hier nicht untersuchen[1]) — zur Annahme von „Freiheit" geführt werden, und es ist richtig, daß sie das allerdings nur werden kann von dem Boden einer nichtmechanistischen Naturordnungslehre aus. Aber gleichwohl bleibt zu Recht bestehen, daß eine wissenschaftliche oder philosophische Beweisführung nie und nimmer mit dem Bedürfnis nach Freiheitsbegründung beginnen darf. Und so fällt denn der ganze jetzt erörterte Grund zugunsten einer „Wechselwirkungslehre" in sich zusammen.

2. Der „Panpsychismus".

Die parallelistische Lehre, folgerichtig zu Ende gedacht, führe zum „Panpsychismus", so wird oft gesagt; und dieser

---

[1]) Vgl. Wirklichkeitslehre, S. 106ff.

Gedanke sei widersinnig, also sei jene Lehre zu verwerfen. Bestände der strenge Parallelismus zu Recht, so hat Rickert[1]) einmal gesagt, so müsse, wenn ein Mensch durch Alkohol trunken wird, im Sinne der parallelistischen Lehre der chemische Stoff C_2H_6O auf den Körper des Menschen gewirkt haben, während sein seelisches Gegenstück durch das „psychische Korrelat" des stofflichen Alkohols beeinflußt gedacht werden müsse.

Hier soll also eine „Konsequenz" aus dem Parallelismus und damit er selbst lächerlich gemacht werden, während im „Automaton"-Gegengrunde eine Konsequenz aus dem Parallelismus in gewissem Sinne dem sittlichen Unwillen preisgegeben werden sollte.

Es fragt sich aber, ob jene Folgerung wirklich so lächerlich wäre, wie sie beim ersten Anblick zu sein scheint, und ferner, ob es sich denn wirklich um eine „Konsequenz" handelt. Beides muß man, so scheint mir, verneinen. Wäre der Panpsychismus wirklich „da", so meine ich, hätte man sich eben mit ihm abzufinden ganz ohne Rücksicht auf die Wirkung, die das Wissen um seine Tatsächlichkeit auf das Gefühlsleben etwa ausüben könnte. Aber, was wichtiger ist, die parallelistische Lehre braucht ja gar nicht im ursprünglichen, spinozistischen, panpsychischen Sinne gedacht zu werden, wie das bloße Dasein des sogenannten Epiphänomenalismus und vieler anderer Abarten der Lehre zeigt.

Daß der „folgerichtig zu Ende gedachte" Parallelismus zum Panpsychismus führt, ist also kein Beweisgrund gegen die parallelistische Lehre als ein wissenschaftlich-philosophisches Gefüge von Aussagen.

---

[1]) Festschrift für Sigwart, 1900.

III. Einiges aus der Lehre von der „Herkunft" des Psychischen.

Wir treten nun an die „Sache selbst" heran, und zwar wollen wir gerade ihren Besonderheiten nachgehen, soweit wir nur irgend können. v. Kries, H. Schwarz und E. Becher haben hier sehr wertvolle Vorarbeit geleistet, auch darf ich einen gewissen Abschnitt aus meinen eigenen Untersuchungen zur „Philosophie des Organischen" in seinen Ergebnissen wieder heranziehen.

An „die Sache selbst" herangehen bedeutet in unserem Falle nun aber nicht nur, wie wir schon wissen, eine Vertiefung in das Wesen „des Psychischen" für sich genommen, sondern bedeutet stets auch ein Sichversenken in die Beziehungen zwischen dem Psychischen und dem Physischen, denn der psycho-physische Parallelismus steht ja in Frage. Diese Beziehungen nun, in die es sich zu versenken gilt, sind von zweierlei Art: es sind Beziehungen im Sinne des reinen denkhaften Verglichenwerdens und es sind Beziehungen des Werdens. Mit Rücksicht auf beide Arten von Beziehungen aber kann die Untersuchung in unserer Frage, wie wir schon sagten, frei von eigentlich „erkenntnistheoretischen" Prüfungen, also gleichsam naiv geführt werden. Wir wollen dabei die Beziehungen des Werdens voranstellen. Und zwar beginnen wir mit der Behandlung von Fragen, welche sich auf die Herkunft des Psychischen in seinem besonderen Sosein aus gewissem Physischen in seinem besonderen Sosein beziehen. Daß eine solche „Herkunft" bei ganz unbefangener Betrachtung der Sachlage besteht, ist klar: meine Erinnerungsbilder zum Beispiel „stammen" aus meinen Wahrnehmungen von Naturdingen und, weiter zurück, aus Reizungen meiner Sinnesorgane und meines Hirns. Ebenso klar freilich ist, daß die Tatsache dieser „Herkunft“, dieses Herstammens, als solche an und für sich über die Frage des Parallelismus noch gar nichts entscheidet. Ganz unbefangen wird ja zunächst nur festgestellt: dieses psychische Sosein stammt im Strome der Zeit von diesem physischen Sosein. Und erst jetzt treten die Fragen auf: War diese naive Aussage über die Herkunft des einen vom anderen wirklich das letzte Wort? War sie nicht allzu äußerlich? Beschrieb sie nicht lediglich in der Sprache des täglichen Lebens, ohne Anstoß daran zu nehmen, daß es sich bei dem „Einen“ und dem „Anderen“ um Angehörige ganz verschiedener Seinsreiche handelt? Ja, wäre es nicht für den streng Denkenden notwendig, dem „Entstammen“ des psychischen B aus dem physischen A einen Vorgang zuzuordnen, welcher einschließlich seines Endgliedes restlos physisch ist?

Gelänge eine solche Zuordnung im mechanistischen Sinne, so hätte die Lehre vom Parallelismus zum mindesten eine starke Stütze erhalten: Es wäre auf alle Fälle eine Veränderungsreihe, welche ursprünglich psycho-physisch oder vielmehr physiko-psychisch zu sein schien, durch eine rein physische, und zwar mechanische Veränderungsreihe, sozusagen, ersetzt worden. Ob nun eine solche Zuordnung und ein solcher Ersatz gelingt oder nicht, das wird sich jeweils aus der Betrachtung des psychischen Endgliedes, das in Frage steht, und aus seinem Vergleich mit dem Psychischen und Physischen, das ihm im Sinne der naiv-ungeklärten Auffassung vorhergeht, ergeben.

Wir beginnen nun mit den verhältnismäßig einfachsten Werdebeziehungen, um zu verwickelteren fortzuschreiten. Überall da, wo das Wesentliche von dem, was auch wir zu sagen hätten, bereits von einem anderen Denker gesagt worden ist, wird unsere Darlegung sich kurz gestalten können.

1. Erinnerungsbilder und Wahrnehmungen.

Die echten Erinnerungsbilder „stammen" von Wahrnehmungen her, und diese „stammen" von Dingen und Geschehnissen der Naturwirklichkeit. Sollte da kein *mechanischer Ersatz,* wie wir von nun an kurz sagen wollen, möglich sein?

Aber die Erinnerungsbilder zeigen zwei Eigentümlichkeiten, welche sie selbst zu höchst seltsamen „psychischen Dingen" machen und welche der parallelistischen Lehre zum mindesten große Schwierigkeiten bereiten. Sie sind nämlich dem ursprünglichen Wahrnehmungsbild gegenüber, das sie doch eigentlich „wieder"darstellen sollten, gefälscht, und sie sind zugleich immer diese bestimmten, das heißt „individuell". Beide Eigentümlichkeiten der Erinnerungsbilder sind ganz allgemein bekannt: Bin ich etwa längere Zeit nicht in Rom gewesen und komme wieder dorthin, so weicht mein Wahrnehmungsbild der Peterskirche denn doch in manchem recht wesentlich von dem Bilde ab, unter dem ich mir in der Zwischenzeit diese Kirche „vorgestellt" habe; und doch war jedes einzelne Vorstellungsbild der Kirche, das ich in der Zwischenzeit erlebt hatte, ein jeweils ganz bestimmtes gewesen.

Das Gefälschtsein der Erinnerungsbilder ist teils ein Mangel an Eigenschaften: es fehlen viele Einzelheiten des ursprünglichen Erlebten; teils ist es aber auch ein echtes Anderssein.

Die Individualität jedes Erinnerungsbildes äußert sich einmal in seinem gesamten Gefüge, dann aber auch in Stellung, Größe, Farbe und Umgebung; schaffe ich mir, zum Beispiel das Erinnerungsbild eines abwesenden Freundes, so ist es dieses ganz bestimmte, in dieser Farbe, von dieser

Größe, in dieser Stellung — (etwa halb von vorn gesehen) — und auf diesem Hintergrund. Und das alles, eben der Fälschung wegen, in durchaus nicht völlig zutreffender „Ähnlichkeit".

Die geschilderten Eigentümlichkeiten des Erinnerungsbildes werden nun sofort zu großen Schwierigkeiten für die parallelistische Lehre, sobald man sich vergegenwärtigt, aus welchem Physischen denn die Erinnerungsbilder letzthin „herstammen", und was man mit Rücksicht auf diese ihre Herkunft eigentlich für sie selbst erwarten sollte auf Grund der Lehre vom *mechanischen Ersatz*. Da war ein Ding von besonderer Form gewesen, und das hatte mittelst Lichtstrahlen das Auge, den Sehnerven und das Hirn beeinflußt. Wenn nun so etwas wie ein Abbild des Dinges an einem bestimmten Orte des Hirnes physisch „säße", und wenn „Sich Erinnern" soviel wie ein „Anklingen" eben dieses an bestimmtem Orte sitzenden Abbildes bedeuten dürfte, dann wäre die parallelistische Lehre grundsätzlich ohne weiteres annehmbar. Aber eben so kann der Sachverhalt nicht sein. Bloßes Fehlen von Einzelheiten am Erinnerungsbild möchte noch ohne weiteres durch ganz einfache Hilfsannahmen, wie die eines Zerstörtwerdens gewisser Teile des dinghaften Hirnabbildes, verständlich sein, aber nicht so die echte Fälschung und die trotz ihrer bestehende „Individualität": es ist eben doch ein ganzes Erinnerungsbild, was ich da trotz seines Gefälschtseins erlebe. Man wird sagen, Bruchstücke anderer Bilder desselben Gegenstandes füllten die Lücken im ursprünglichen Abbild eben fälschend aus; aber damit erklärt man ganz und gar nicht auf „mechanischer" Grundlage die Ganzheit des Erinnerungsbildes, wie sie wirklich erlebt wird. Das Erinnerungsbild wird ja nicht bloß „reproduziert"; es wird da vielmehr etwas „produziert",

und zwar ein Etwas von durchaus nur ihm selbst e'gener
Besonderheit in jeder Beziehung.

Selbstverständlich ist es der parallelistischen Lehre erlaubt, soviel Hilfsannahmen der allerabenteuerlichsten Art zu
machen, wie sie nur irgend will, welche Annahmen freilich,
der Grundvoraussetzung nach, sich im Rahmen „maschinellen‟
Geschehens bewegen müssen. Ich sehe aber nicht, daß irgend
eine der in der Tat vorliegenden Hilfsannahmen das Ge-
fälscht- und doch Ganzsein der Erinnerungsbilder auch
nur in Annäherung physisch verständlich zu machen imstande
ist. Bestände alle „Fälschung‟ der Erinnerungsbilder darin,
daß eben Bruchstücke der Originale als Bruchstücke vor
dem Bewußtsein stünden, so wäre alles einfach; aber gerade
das ist nicht der Fall, braucht jedenfalls nicht der Fall zu
sein; und zwar mit Rücksicht auf akustische Erinnerungen,
etwa an musikalische Themen, ganz ebenso wie mit Rücksicht auf optische.

Zum mindesten liegt hier eine große besondere Schwierigkeit für die parallelistische Lehre vor: man kann den
mechanischen Ersatz nicht aufzeigen[1]).

2. Das Wiedererkennen.

Als durchaus oder in irgendwelchen besonderen Hinsichten *Dasselbe* wiedererkennen kann ich Wahrnehmungs-
oder Erinnerungsinhalte gleichermaßen, ja auch rein „Ge-
dankliches‟. Insonderheit wendet man das Wort „Wieder-
erkennen‟ auf das Als-*dasselbe*-befinden von Wahrnehmungs-
inhalten an. Für den erwachsenen Menschen sind eigentlich
alle sogenannten Wahrnehmungen vielmehr Wiedererkennungen;

---

[1]) Zu einem ähnlichen Schlusse würde eine nähere Erörterung des
Wesens der Träume führen, welche ja innere Geschlossenheit besitzen
und durchaus nicht etwa chaotische Bruchstücksammlungen sind.

denn er hat beinahe alles sinnlich erlebbare Wesentliche schon einmal erlebt.

Mit Rücksicht auf die parallelistische Frage kann das Wiedererkennen, und zumal das Wiedererkennen im engeren Sinne des Wortes, in zweifacher Weise durchdacht werden: einmal mit Bezug auf seine Herkunft vom Physischen, zum anderen mit Bezug auf einen recht eigentlich inneren Wesenszug. Beides haben v. Kries und E. Becher in sehr erschöpfender und ergebnisreicher Weise getan, so daß ich hier ganz kurz sein darf.

a) Das Wiedererkennen und die „Reizpforte" [1]).

Wenn ich mit dem Fuße an das Tischbein stoße und wenn ich alsdann das Tischbein mit der Hand betaste, so ist es *dasselbe* Tischbein; und ich kann *dasselbe* Tischbein auch sehen. Doch handelt es sich hier nicht um eigentliche Wahrnehmungsinhalte als *dieselben*, sondern um viel verwickeltere Dinge, und so wollen wir uns denn an dieser Stelle aus dem Gesagten nur ganz allgemein zunutze machen, daß wir durch verschiedene Sinneswege, mittelst verschiedener Reizpforten, wie Erich Becher sagt, zu Wiedererkennungen kommen können.

Viel einfacher und klarer und gerade darum entscheidend liegen die Dinge in folgendem Fall: Eine geometrische Figur werfe ihr Bild auf eine ganz bestimmte Stelle der Netzhaut; die Figur wird wahrgenommen. Dieselbe Figur werfe ein anderes Mal ihr Bild auf eine ebenfalls ganz bestimmte, aber ausdrücklich andere Stelle der Netzhaut: die Figur wird trotzdem als *dieselbe* wieder erkannt.

Wie steht es hier im Sinne der Lehre vom *mechanischen*

---

[1]) Hierzu E. Becher, Gehirn und Seele, 1911, S. 215—222.

Ersatz, mit einer durch die ursprüngliche Wahrnehmung in bestimmter Örtlichkeit geschaffenen „Hirnspur", welche bei der Wiedererkennung „anklingt"? Wie steht es mit allen diesen Dingen und Vorgängen, welche die parallelistische Lehre so liebt und welche sie in der Tat so nötig hat? So ohne weiteres kann es sich in den beiden geschilderten Versuchen doch wohl nicht um denselben Hirnort handeln; eben deswegen nicht, weil die Reizpforte beide Male eine sehr bestimmt angebbare andere war!

Freilich sind hier Hilfsannahmen möglich; daß eine große Schwierigkeit für den Parallelismus besteht, ist aber zugegeben.

b) Das Wiedererkennen von Verhältnissen[1].

Verhältnisgefüge an Dingen, im weitesten Sinne des Wortes, können als *dieselben* wiedererkannt werden, ganz unbekümmert um ihr „absolutes" Sosein und, wenn räumliche Angelegenheiten in Frage stehen, um ihre Lage zur Lage meines Körpers. Aber nicht nur um Räumliches handelt es sich bei diesem Wiedererkennen von „Gestaltqualitäten" im Sinne von Ehrenfels; auch eine Melodie ist dieselbe, gleichgültig, in welcher Tonart ich sie höre.

Auch hier liegen ausgezeichnete Erörterungen des Sachverhaltes, von v. Kries und E. Becher, bereits in der wissenschaftlichen Literatur vor, so daß ich auch hier kurz sein kann.

Daß die beliebte Lehre von dem „Wiederanklingen" früher geschaffener „Spuren", als örtlich bestimmter besonderer Hirngebilde oder Hirnzustände, hier versagt, ist ohne

---

[1] Hierzu v. Kries, Über die materiellen Grundlagen der Bewußtseinserscheinungen, 1901, S. 15—26. — E. Becher, l. c. S. 222—238. S. auch Bergson, Matière et Mémoire, deutsche Ausgabe, S. 116 ff.

weiteres klar. Besteht doch schon eine große Schwierigkeit für jedes Verständnis im Sinne des Parallelismus allein darin, daß überhaupt ein „Komplex“, also etwa eine Figur, eine Melodie, als Komplex in seiner Einheit und nicht als bloßes Beieinander erfaßt wird. Und nun soll gar ein gewisses rein Beziehliches an Komplexen, also etwa das Rechtwinklig-dreieckig-sein, das Siegfriedmotiv, ganz gleichgültig, in welcher Tonart und von welchen Instrumenten gespielt, als *dasselbe* erfaßt werden.

Gewiß gibt es hier Hilfsannahmen, die über die reine Leitungs- und Spurenlehre hinausgehen — mit Recht hat v. Kries[1]) betont, daß schon die Exnerschen Begriffe der „Bahnung“ und „Hemmung“ den Rahmen dieser Lehren überschreiten —, aber daß irgendeine dieser Annahmen auch nur irgenwie im Sinne eines *mechanischen Ersatzes* befriedigt, hat noch keiner, haben selbst ihre Erfinder nicht behauptet.

Ohne Grenze führt die Erwägung des Wiedererkennens des rein Verhältnismäßigen zur Erwägung der psychischen Tatsache der „Abstraktion“, strenger gesprochen: zur Erwägung der Tatsache, daß Ich das Allgemeine bewußt als solches habe, erlebe. Alle Begriffe im engeren Sinne bestehen ja zum ganz wesentlichen Teil aus Beziehlichkeiten, und zwar rein als Beziehlichkeiten ohne Rücksicht auf ihr „absolutes“ Verwirklichtsein.

Wie es dazu „mechanische Korrelate“ geben soll, ist unausdenkbar. Und daß sich die psychische Tatsache als Tatsache nicht wegleugnen läßt, und zwar als Elementartatsache des seelischen Lebens, haben Husserl[2]) auf der einen, die Denkpsychologen[3]) auf der anderen Seite mit aller

---

[1]) l. c. S. 14.

[2]) Logische Untersuchungen (2. Aufl.), 2. Bd., S. 106—224.

[3]) Näheres in meiner Schrift Die Logik als Aufgabe, 1913.

wünschenswerten Klarheit gezeigt; auch wir selbst werden darauf später zurückzukommen haben.

3. Psychische Neubildungen. Das Endgültige.

Daß alles Schöpferische am Seelenleben auf Grund der Spuren- und Leitungslehre unmöglich sein würde — ebenso übrigens, wie auf Grund einer reinen [1] „Assoziationslehre“, die nach der Beziehung des Psychischen zum Physischen gar nicht fragt — ist oft genug von solchen, die sich hier unvoreingenommen in die Sache selbst vertieften, gesagt worden. Kunst und Wissenschaft, ja die alltäglichste den jeweiligen Umständen angepaßte Tätigkeit eines Arbeiters wären unmöglich, wenn nur „Spuren“ wieder „anklängen“. Gewiß kann ich mir keine neuen, das heißt nie erlebt gewesenen „Sinnesqualitäten“ erfinden, aber ich kann die Elemente des überkommenen, des erlebten Stoffes nach Zeit- und Raumesverhältnissen neu zusammensetzen. Diese besondere Beziehlichkeit unter den Stoffesletztheiten w a r vordem nicht da, auch nicht in anderer „absoluter“ Verwirklichung, und i s t j e t z t da; das ist das Wesentliche, was uns hier, wo wir nur von der H e r k u n f t s f r a g e ganz allgemein reden, vornehmlich angeht.

Und dazu nun kommt — mit Rücksicht auf Kunst und Wissenschaft besonders scharf ausgeprägt, aber auch für die

---

[1] Eine „reine“ Assoziationstheorie im ganz strengen Sinne, d. h. eine solche, die nur mit dem Begriff der Assoziation durch sogenannte Berührung arbeitet, ist allerdings wohl nie von einem tiefer denkenden Psychologen vertreten worden. Insofern hat G. E. Müller recht, wenn er sagt, daß in ihr eine „Mißgeburt“ bekämpft werde (Zur Analyse der Gedächtnistätigkeit III, 1913, S. 487). Müllers eigene Theorie, die bekanntlich die Begriffe *Grad der Bereitschaft, Konstellation, Vorstellung von funktioneller Unbestimmtheit* u. a. verwendet, steht unseres Erachtens den Lehren der „Denkpsychologen“, trotz aller Abweichungen im einzelnen, sehr viel näher als einer r e i n e n Assoziationstheorie.

Fälle des täglichen Lebens zu Recht bestehend — das Erleben ästhetischer und logischer (einschließlich ethischer) *Endgültigkeiten*: diese Schöpfung ist *schön*, diese ist *richtig*; beide sind *in Ordnung*. Und unter dem, was richtig ist, ist vieles wieder als richtig schon *erledigt*. Ich befinde, beispielsweise, zum ersten Male in meinem Leben die Newtonischen Prinzipien der Mechanik als *ordnungshaft-endgültig*, als richtig; dabei ist mir, im Rahmen des Satzes von der Zusammensetzung der Kräfte, alles auf den Begriff „Parallelogramm" Bezügliche *erledigt* gewesen, denn Geometrie hatte ich schon getrieben.

Wie könnte das durch die Spurenlehre erklärt werden? Ja, wie kann es hier überhaupt ein mechanisches „Korrelat" geben?

Daß gerade hier außerordentliche Schwierigkeiten für die parallelistische Lehre vorliegen, ist denn auch von denen, die den phaenomenologischen Sachverhalt in seinem wahren Wesen überhaupt gesehen haben, nie geleugnet worden. Nur wer an wesentlichen Zügen desselben unbewußt oder bewußt vorbeiging, konnte sich hier die Sache leicht machen.

4. Anhang: Das Liebmann'sche Paradoxon.

In besonderer Fassung hat Otto Liebmann[1] die im Begriffe des Endgültigen für den Parallelismus bestehende große Schwierigkeit gesehen, und es ist lehrreich, seinen Gedanken nachzugehen, weil er sich ausdrücklich auf das Vergleichen psychischer und physischer Abläufe bezieht; insofern bietet eine kurze Erörterung des sogenannten „Liebmannschen Paradoxon" dem vorher Gesagten gegenüber etwas Neues und einen Übergang zu dem, was folgen soll. Es handelt sich hier nämlich nicht nur um die Frage der „Herkunft" des Psychischen und den Versuch ihres mechanischen Ersatzes; es handelt sich auch schon um Psychisches als solches und um seinen Vergleich mit Physischem als solchem. Eben deshalb greift die Erörterung der Liebmannschen

---

[1] Analysis der Wirklichkeit, Abschnitt „Gehirn und Geist" (in 2. Aufl. zumal S. 542ff.).

Frage in gewisser Hinsicht Späterem, ja sogar den letzten Abschnitten des ersten Teiles dieser Schrift vor. Aber weil hier eben doch das Werden, das Ablaufmäßige als solches, nicht aber das „Wesen" von Psychischem und Physischem im Vordergrunde steht, mag das Liebmannsche Paradoxon an dieser Stelle des Ganzen erwähnt sein.

Ich gebe hier das Wesentliche des Liebmannschen Gedankenganges mit meinen eigenen Worten:

Gesetzt, ich denke die Gleichung:

$$\sqrt[2]{a^2 + 2\,ab + b^2} = \pm\,(a + b)$$

mit vollem Bewußtsein in allen ihren Einzelheiten durch, so daß es sich um ein wahres Nachdenken handelt, oder auch ich vergegenwärtige mir, daß die syllogistische Formel für *Celarent* „kein M ist P, S ist M, also ist kein S P" wirklich richtig ist, so erlebe ich da nacheinander, so „ist" da gegenständlich nacheinander eine Abfolge von seelischen Dingen; jedes hat eine bestimmte Bedeutung mit *Endgültigkeit* und *Erledigung*, und zwischen den verschiedenen von mir erfaßten Bedeutungen besteht an einer bestimmten Stelle die Beziehung *also* oder *folglich* im Sinne logischen *Mitsetzens* (logischer „Konsequenz"). Wenn ich es etwa mit Schlußketten oder mit dem „Lösen" von schwierigen Gleichungen zu tun habe, so werden alle Kennzeichen des *Nachdenkens* noch viel deutlicher: „Einfälle" folgen einander; jeder bezieht sich bedeutungshaft auf die „Aufgabe"; jeder ist, wenn es gut geht, seinem Vorgänger gegenüber gesättigter an *Erledigung* und *Endgültigkeit*; endlich ist die Endgültigkeit vollständig, alles ist „in Ordnung"[1]). Das ist geradezu die Gesetzlichkeit gewisser Formen des Nachdenkens. Und die parallelistische Lehre verlangt nun, daß dieser Abfolge erlebter Gegenstände mit der ihnen innewohnenden Beziehungsgesetzlichkeit als physisches „Korrelat" entspreche eine geschlossene Kette rein mechanischer Vorgänge im Hirn, bestimmt in ihrer Gesetzlichkeit nach Maßgabe der Newtonischen oder sie vertretender Prinzipien. Der mechanische Ablauf sei, um mit Liebmann zu reden, gekennzeichnet durch die Geschehensabfolge a b c d e . . .; ihm entspreche das Erlebnis „Ich will auf den Markt gehen um Holz zu kaufen"; würde a e c d b . . . die Abfolge sein, so würde der Unsinn „Ich will auf das Holz gehen um den Markt zu kaufen" erlebt werden.

Ist diese „parallelistische" Lehre wahrscheinlich? Ist sie nicht vielmehr paradox?

Es müßte ja, sagt Liebmann, einem „automaton spirituale logicum" ein „automaton materiale logicum" entsprechen, obschon beider innere Gesetzlichkeit jedenfalls für mich durchaus verschieden ist.

Liebmann stellt das Paradoxon auf, er will es nicht lösen; seine Aufstellung gipfelt im Begriffe einer spiritualmaterialen Harmonie. Von

---

[1]) Näheres in Logik als Aufgabe, S. 69 ff.

einer solchen dürfte aber, so scheint mir, allenfalls nur dann geredet werden, wenn die materiale Welt deutlich als ein Ganzes erfaßt werden könnte, in dem jede Einzelheit des Seins und Werdens diesen ihren ausdrücklich ganzheitsbezogenen Platz hätte. Das anzunehmen verbietet aber die wissenschaftliche Gewissenhaftigkeit[1]). Erscheint dieser doch die Gesamtheit der Denkabläufe in diesem Menschen hier als in ihrer eigensten Besonderheit zufällig, das heißt durch die Gesamtheit der Zufälligkeiten des historischen Erlebens des Menschen, durch die Gesamtheit der Zufälligkeiten seiner Erziehung zum Beispiel, bedingt; und erscheint ihr doch auch durchaus nicht jede Einzelheit der physischen Welt ganzheitsbezogen. Da versagt die Ganzheitsharmonie, weil eben schon auf beiden Seiten der Ganzheitsgedanke als solcher versagt. Versagt sie aber, so bleibt es nicht bei einem „Paradoxon", sondern es ersteht eine unüberwindliche Schwierigkeit für die parallelistische Lehre. Zu einem grundsätzlichen Unsinn wird die Aussage, daß der einen mechanischen Abfolge ein „also" mit dem Bewußtsein der Richtigkeit, der anderen eine als solche gewußte Widersinnigkeit „parallel entsprechen" solle. Und zwar, um das noch einmal besonders zu sagen, deshalb wird jene Aussage zu einem grundsätzlichen Unsinn, weil es doch das Hirn mit seinen „angeborenen" Eigentümlichkeiten nicht allein ist, welches das Seelenleben eines Menschen in irgend einem Zeitpunkte seines Lebens bestimmt, sondern weil, was er erleben kann, durch die Gesamtheit seiner zufälligen früheren Erlebnisse überhaupt erst bestimmt wird. Doch mit dieser Erwägung greifen wir schon der folgenden breiteren und in sich geschlossenen Darstellung vor. Sieht doch das Liebmannsche Paradoxon nur einen Teil eines größeren, im Lichte der parallelistischen Lehre paradoxen Ganzen.

IV. Die Handlung als nichtmechanisches Naturereignis.

In meiner Schrift „Die ‚Seele' als elementarer Naturfaktor" (1903) habe ich zum erstenmal versucht, die psycho-physische Grundfrage durchaus und lediglich von der physischen Seite aus zu behandeln. Das geschah dort im Rahmen meiner allgemeinen Lehre vom Werden der organischen Natur. In die „Philosophie des Organischen" ist später

---

[1]) Näheres in meiner Wirklichkeitslehre, S. 256ff.

(1909) das Wesentliche meiner Darlegungen in umgearbeiteter Form hinüber genommen worden [1]).

Die Lehre von der Handlung wurde hier zu einem Abschnitt der Lehre vom sogenannten Vitalismus. Es ergab sich nämlich, daß das Naturgeschehnis „Handlung" eine physikalisch-chemische Auflösung, und zwar durchaus als „Natur"geschehnis, nicht erlaubt. Das war ein (indirekter) Beweis des Vitalismus und eine Ablehnung der parallelistischen Lehre auf dem Boden des Psychophysischen zugleich. Denn eine notwendige Folge des üblichen Parallelismus ist ja eben die Lehre von der durchaus undurchbrochenen mechanischen Naturkausalität; aber wer die Folge verneint, verneint auch, was ihr möglicher logischer Grund sein kann.

Durchaus als *Natur*erscheinung, im Rahmen der Physis, also wurde in den beiden genannten Werken die Handlung von mir durchdacht. Die „Sache selbst" war hier eine naturwissenschaftliche Angelegenheit: Wie ist das, was „Handlung eines Menschen" heißt, von seinem Anfang bis zu seinem Ende als Naturgeschehnis beschaffen? Welche wesentlichen Kennzeichen des Werdens als Naturwerdens hat es? Und lassen diese wesentlichen Kennzeichen der Handlung grundsätzlich eine physikalisch-chemische Auflösung zu oder nicht? Bieten sie dem Mechanischen im weitesten Sinne des Wortes, dem Raumeswerden also, gegenüber wesentlich neue Wesenszüge oder nicht?

„Das Psychische" spielt also bei diesem ganzen Gedankengang gar keine Rolle; höchstens am Ende, wenn alles fertig ist, tritt es „analogienhaft" auf. Und nur mittelbar, wie schon gesagt wurde, wird die Frage des Parallelismus berührt, indem eine notwendige Folge der parallelisti-

---

[1]) Band 2, S. 1—122 (engl. Ausg. S. 1—122).

schen Lehre bejaht oder verneint wird: da ergibt sich denn
nach bekannten Regeln der allgemeinen Schlußlehre, daß im
Falle der Bejahung der Folge der psycho-mechanische Parallelismus zwar nicht gesichert aber möglich, daß er dagegen
im Falle ihrer Verneinung sicherlich unmöglich ist. Da die
Folge verneint werden mußte, erwies er sich als unmöglich. —

Diese Methode, lediglich vom Physischen aus über eine
psycho-physische Lehre zu entscheiden, ist ja für den, der
hier wirklich streng denkt, schon mit Bezug auf die Psychophysik des „anderen Menschen" die allein mögliche, und ganz
ebenso, wenn es sich um die sogenannte Tierpsychologie
handelt. Da kann nämlich überall nur das Physische eigentlich unmittelbar untersucht werden. Denn an Seelischem, an
„seelischen Dingen", wenn der Ausdruck erlaubt ist, kenne ich
nur, was *Ich* eben *bewußt habe* oder, von meinen Gehabtheiten aus im Sinne einer echt psychologischen Theorie,
meiner „Seele" zuschreibe[1]).

Gar zu leicht wird diese Wahrheit vergessen, besonders
auch da, wo es sich um Untersuchungen über die Handlungen von Tieren oder über die Handlungsdefekte bei hirn-
operierten Tieren und hirnkranken Menschen handelt. Da
meint man Besonderheiten oder Ausfälle des „Seelenlebens"
zu beobachten. Beobachten tut, ja kann man nur Besonderheiten und Ausfallserscheinungen an denjenigen Natur-
geschehnissen, welche man eben Handlungen nennt. Man
mag da zu einem Vitalismus kommen; zur Psychologie
kommt man nur mittelbar, und zwar auf Grund sehr ver-
wickelter Analogien von meist unbewußt metaphysischem

---

[1]) Ich kenne wohl die meinen Darlegungen widersprechende Lehre
von der „Einfühlung" von Th. Lipps und ebenso Scheler's Lehre,
halte sie aber für unrichtig; auf keinen Fall handelt es sich da um ein
echtes Wissen; vgl. Wirklichkeitslehre, S. 9 und 240 und Wissen
und Denken, S. 75f.

Gepräge. Und diese Analogien sind sogar immer sehr bedenklich, weil sie immer allzu menschlich sind. An die Möglichkeit ganz fremdartiger „psychischer Typen" denkt man meist[1]) nicht. An die Möglichkeit, daß es sich, bei Störungen und Defekten im Gefolge von Krankheit oder Operation, nur um Ausfälle im Bereich der „Äußerung" des Psychischen ins Physische hinein handeln könnte, während doch „das Psychische" in seiner völligen Unzugänglichkeit „normal" sein möchte, denkt man meist auch nicht. Man kann ja auch wirklich gar nichts über diese Dinge wissen, aber denken sollte man an sie. Psychologisch-phänomenologische Ermittlungen über mein Erleben im Gefolge von Krankheit oder Operation am Hirn meines Körpers — ja, das wäre etwas anderes. Aber das würden wohl hinwiederum „meine" Ermittlungen im nicht nur methodisch, sondern auch praktisch „solipsistischen" Sinne bleiben müssen, weil eben die Äußerungs-, die Mitteilungsmöglichkeit abgeschnitten wäre.

Mit allem Diesen soll selbstredend nicht die große Bedeutung aller „tierpsychologischen", aller operativ oder am Krankenbett gewonnenen Erfahrungen in Sachen des Ausfalls oder der Besonderheit von Handlungsmerkmalen geleugnet werden, und ebensowenig diejenige der umfassenden vergleichend-anatomischen Ermittlungen L. Edingers[2]) über den Zusammenhang von Hirnbau und Gebahren. Nur daß „das Psychische" hier weder unmittelbar noch auch eigentlich-mittelbar, sondern nur analogienhaft-mittelbar in Frage kommt, soll gesagt sein; und daß dieses analogienhafte Wissen, leider, nur sehr vorläufigen Wesens sein kann und mit großer Vorsicht auszusprechen ist.

---

[1]) Vgl. aber K. C. Schneider, Biol. Centralbl. 33, 1913, S. 170ff.
[2]) Einführung in die Lehre vom Bau und den Verrichtungen des Nervensystems, 2. Aufl., 1912; 17. Vorlesung.

Man untersucht stets unmittelbar — (im Sinne naturwissenschaftlicher, nicht im Sinne erkenntniskritischer Untersuchung) — nur Merkmale von Handlungen als Naturgeschehnisse, beziehungsweise die Beziehungen solcher Merkmale zu normalen oder künstlich gesetzten hirnanatomischen Besonderheiten; mittelbar kann man vielleicht hie und da von besonderen „autonomen" Naturfaktoren reden. Aber vom Psychischen kann man stets nur analogienhaft und muß man, sobald es sich um ein Tier oder einen nicht-„normalen" Menschen handelt, mit allergrößter Vorsicht und im Bewußtsein der grundsätzlichen Unzulänglichkeit des Vorgebrachten reden.

Für die psycho-physische Grundfrage, die Frage des Parallelismus aber sind eben deshalb die Ergebnisse aller aus Tierbeobachtung, Krankheitsbeobachtung, Operation oder anatomischer Vergleichung gewonnenen Erfahrungen direkt nicht verwertbar. Wie kann man fragen, ob zwei Linien einander parallel seien, wenn man nur eine hat? Und man hat hier, im Sinne der psychophysischen Frage, stets nur die physische Linie. Nur durch die Frage „Mechanismus oder Vitalismus?", d. h. durch die Einsicht in die Möglichkeit oder Unmöglichkeit eines „mechanischen" Verständnisses hindurch können Ergebnisse der geschilderten Art für die psycho-physische Grundfrage verwertet werden; denn eine notwendige Konsequenz des Parallelismus kann allerdings auf Grund dieser Ergebnisse bejaht oder verneint werden.

1. Kurze Darlegung früher veröffentlichter Ergebnisse.

Es sei mir nun gestattet, die Hauptergebnisse meiner Arbeiten über die menschliche Handlung hier zu wiederholen. Doch soll das in nicht unwesentlich neuartiger Form geschehen. Wegen der Reinheit des Verfahrens, deshalb nämlich, weil durchaus im Rahmen der Natur verblieben wird, scheint mir meine Beweisführung nach wie vor nicht ohne Bedeutung zu sein.

Es wird untersucht:

Erstens: Worauf beruht das Vermögen eines Menschen zu Handlungen überhaupt in irgend einem bestimmten Zeitpunkt seines Lebens? Was, anders gesagt, ist die Grundlage der Gesamtheit aller für ihn zu eben diesem Zeitpunkt möglichen Handlungen?

Zweitens: Was läßt aus der Fülle der möglichen Handlungen in diesem bestimmten Zeitpunkt diese eine Handlung wirklich werden, und wie läßt sich im einzelnen eine wirklich werdende Handlung kennzeichnen?

Zwei „Kriterien“ der Handlung als eines Naturereignisses sind es, die sich mit Rücksicht auf ihre Möglichkeit und auf ihre Verwirklichung aufstellen lassen, zwei Kennzeichen, die in der Tat die „Sache selbst“, um die es sich hier handelt, erschöpfend ordnungshaft wiedergeben.

Von der Möglichkeit zum Handeln handelt das *Kriterium der historischen Reaktionsbasis*: „Die Gesamtheit an Handelnsvermöglichkeit, welche bei einem Menschen zu einem gegebenen Zeitpunkt seines Lebens besteht, wird bestimmt, wird jedenfalls mitbestimmt durch die Gesamtheit aller Reize und aller Reizwirkungen, welche dieser Mensch bis zu dem gegebenen Zeitpunkt hin erlebt hat.“

Nun ist aber die Handlungsvermöglichkeit eines Menschen, welche, wie dargelegt, durch seine persönliche „Geschichte“, d. h. durch das, was an und mit ihm geschehen war, geschaffen wurde, nicht, wie etwa beim Phonographen, in dem Sinne eine „Vermöglichkeit“ oder „Potentialität“, daß das Erlebt-

gewesene lediglich in der besonderen Eigenart („Spezifität")
seines Erlebtgewesenseins wieder gleichsam zurückgegeben
werden könnte; sondern die Letztheiten („Elemente") des
Erlebtgewesenen stehen zur Verfügung zu neuer Zusammensetzung („Kombination"), sie stehen, um einen Ausdruck
Kohnstamms[1]) zu gebrauchen, zur „Verwertung". Auch
wird, wieder zum Unterschied etwa vom Phonographen, Reiz-
empfang und Wirkungsabgabe von ganz verschiedenen Körper-
teilen auf ganz verschiedene Weise besorgt, erstere nämlich
von den Sinnes-, letztere von den Bewegungsorganen, mag es
sich letztlich, wie bei einem „Gespräch", auch beide Male um
das Dasein von Luftwellen handeln, indem sowohl erster Reiz
wie letzte Wirkung aus solchen bestehen.

Davon, wie „verwertet" wird, vom Verwirklicht-
werden des Handelns also, handelt das *Kriterium der
Individualität der Zuordnung zwischen Reiz und Effekt*: „Jede
Handlung eines Menschen zu einem gegebenen Zeitpunkt
seines Lebens wird, auf der Grundlage seiner historischen
Reaktionsbasis, bestimmt, wird jedenfalls mitbestimmt durch
einen Reiz, und zwar sind Reiz und Wirkung „Individualitäten", d. h. zusammengesetzte Ganzheiten, welche einander
in ihrer Ganzheit, nicht aber summenhaft Teil für Teil, zugeordnet sind." Reiz und Wirkung brauchen nicht zeitlich
aneinander zu grenzen.

Von besonderer Bedeutung in der Formel des zweiten
Handlungskriteriums ist der Zusatz „auf der Grundlage seiner
historischen Reaktionsbasis". Er stellt die Vereinigung
zwischen beiden Kriterien her.

Erläutert habe ich die „Kriterien" der Handlung und
insonderheit das zweite derselben durch die zergliedernde Be-

---

[1]) Ann. Naturphil. II. 1903, S. 445.

trachtung eines Gesprächs. Was für Sprachen Einer sprechen und worüber er überhaupt „sprechen" kann, das hängt von seiner „historischen Reaktionsbasis", also seiner Erziehung, seinem Unterrichtetsein, jedenfalls in hohem Grade mit ab. Was er in diesem Falle hier als Antwort auf dieses Gehörte sagt, das ist einer „Individualität" „individual" zugeordnet. Kann doch Rede und Gegenrede für einen, der viele Sprachen „versteht", in jeder derselben ganz beliebig erfolgen, ohne die *Dasselbigkeit* zu verlieren, und können doch ganz kleine Änderungen der Rede, ja die Änderung eines einzigen Lautes in einem langen Satze, also etwa der Ersatz des Wortes „mein" durch das Wort „dein", eine durchaus andere Gegenrede zur Folge haben. Nicht also sind die Stücke des Reizes einzeln auf Stücke der Wirkung bezogen. Die summenhafte Gesamtheit der Bestandteile des physischen Reizes wird, so darf man wohl sagen, im Organismus verganzheitlicht und bestimmt sein Gebahren in dieser ihrer neu gewonnenen Form[1]).

Das ist alles, was sich über die Handlung physisch in großen Zügen sagen läßt. Was sich scheinbar mehr sagen ließe, käme analogienhaft aus meinem eigenen inneren Erleben, wäre also „phänomenologisch" oder, wenn es in bestimmter Weise ordnungshaft verarbeitet ist, „psychologisch"; es würde aber nicht zu dieser Handlung dieses Menschen da vor mir als zu einem Naturgeschehnis gehören.

Aber die rein physische Zergliederung genügt nun, um zu zeigen, daß es eine physikalisch-chemische Auflösung des Geschehens hier nicht geben kann, daß also eine Folge des

---

[1]) Durch diese Wendung wird die kausale Theorie der Handlung der kausalen Theorie der Embryogenese angenähert. Vgl. auch meine Schrift *Das Problem der organischen Form*, 1919 (Schaxels Abh. z. theor. Biol. Nr. 3), S. 57—61.

üblichen Parallelismus und damit dieser selbst fällt. Ganz gewiß sind das Hirn und das Nervensystem da, und ganz gewiß sind sie ein Wesentliches; und beide mögen ja — obwohl auch das sehr unwahrscheinlich ist wegen der Regulationsfähigkeit der Hirnfunktionen — in rein physiologischem Sinne eine angeborene Maschine sein. Aber diese Maschine — im weitesten Sinne des Wortes, nämlich in dem einer festen vorgesehenen Anordnung physikalisch-chemischer Werdebestimmer („Naturfaktoren") — wäre dann jedenfalls nicht allein das Wesentliche, und was als anderes Wesentliche dazu kommt, das kann keine Maschine sein. Denn das Vermögen, in individueller Zuordnung zu individuellen Reizen dasjenige zu verwerten, was dem Träger des Vermögens durch die Zufälligkeiten seiner Geschichte erst aufgeprägt worden ist, widerspricht dem Begriff einer „Maschine".

2. Erweiterungen und Zusätze.

Das ist in Kürze das Wesentliche an meinem anderen Ortes in Breite dargelegten Gedankenganges. Er sei jetzt mit einigen Erläuterungen und Erweiterungen versehen.

Es war mir, als ich diesen Gedankengang zuerst erfaßte, unbekannt, daß ein gewisser seiner Bestandteile, der jetzt unter dem Namen des „Telegrammbeispieles" allgemein bekannt ist, bereits von anderer Seite ausgeführt worden war, ja bis zum Jahre 1782, nämlich auf Ploucquet, zurückgeht. Aber dieser Bestandteil ist nicht das Ganze, und ich darf sagen, daß die beiden „Kriterien" der Handlung, in ihrer begrifflichen Zweiheit, die dann Einheit wird, erst von mir in wirklich auf das Letzte gehender Zergliederung geformt wurden. Wer bloß mit dem Telegrammbeispiel („Fritz angekommen" — „Fritz umgekommen") arbeitet, der übersieht, oder betont wenigstens nicht in genügender Sonderung, alles, was am Begriff der *historischen Reaktionsbasis* hängt. Erst die „Vereinigung beider Kriterien", wie ich es genannt habe, „beweist den Vitalismus", widerlegt also die parallelistische Lehre.

Auf der anderen Seite haben andere Denker, z. B. Busse[1]), aus dem Telegrammbeispiel etwas herausgeholt, was ich nicht betont habe, daß nämlich irgend ein Satz, wenn er wörtlich ebenso etwa in einer Erzählung gelesen oder im Laufe einer vorgelesenen Erzählung gehört wird, ganz anders „wirkt", als wenn er mich sozusagen persönlich betrifft. Den Unterschied der Wirkung von Schauspiel und „Wirklichkeit" haben wir hier. Auch dürfte zur Lehre von der Zuordnung der Individualitäten noch ergänzend beigefügt werden, daß ja bekanntlich, ganz abgesehen von der Sprache, ein Handlungsreiz derselbe bleiben kann, einerlei ob er gehört oder gelesen wurde. Besonderen Nachdruck möchte ich dabei auf den Tatbestand legen, daß, was bisher nur „gehört" gewesen war, doch als dasselbe wirkt, auch wenn es zum ersten Male überhaupt als zu „Lesendes" sich darbietet. Doch bedeutet das keine wesentliche Erweiterung des Gesagten.

Nun gibt es hier aber in der Tat wesentliche Erweiterungen; und zwar wollen wir eine Erweiterung des bis heute von mir Dargelegten zunächst an die schon oben ganz kurz angedeutete Tatsache anknüpfen, daß bei der Handlung zwischen Reiz und Wirkung eine beliebige Zeit verstreichen kann. Es zeigt diese Sachlage ja jede Unterhaltung, bei der sich ein Sprecher etwas „überlegt" oder, noch deutlicher, eine solche, bei der irgend eine Antwort vertagt wird, um dann später verwirklicht zu werden, etwa am nächsten Tage.

---

[1]) Geist und Körper, 1903, S. 310ff.

Ist diese Tatsache an und für sich höchst seltsam, so ist wohl noch seltsamer der bei Handlungen jederzeit zu verwirklichende Sachverhalt, daß die Zeit der Wirkungsabgabe mit dem Reiz zugleich befohlen werden kann. Hier ein Beispiel:

„Neigen Sie mehr der Schopenhauerschen oder der Fichteschen Ethik zu? Sagen Sie mir die Antwort jetzt gleich, ihre Begründung aber, wenn wir uns morgen früh wieder treffen."

Dem, was „reagiert", wird also hier die Zeit der Reaktion zugleich mit dem Reiz, auf den reagiert werden soll, bestimmt, und zwar nicht in physisch fest bestimmter Weise. Denn der Befehl könnte ja in jeder beliebigen Sprache gegeben werden, wenn der Angeredete sie nur „versteht"; und er könnte auch schriftlich gegeben werden; und auch in den verschiedenartigsten besonderen Redewendungen. Aber daß überhaupt ein Zeitbefehl für die Reaktion gegeben werden kann, und zwar durch die allerzufälligsten Zusammenstellungen von Reizeinzelheiten, das ist hier das Wesentliche. Bei einer „Maschine" wäre es allenfalls ausdenkbar, daß die Stärke eines Reizes in eindeutiger Zuordnung zur Zeit der Reaktion steht, aber um Stärken handelt es sich hier eben gar nicht: der Zeitbefehl bleibt, was er ist, mag einer schreien oder kaum hörbar leise sprechen.

Und auch Ortsbefehle für die Reaktion sind möglich: „Antworten Sie mir morgen früh im Hause unseres Freundes N." Der befohlene Ort kann ein solcher sein, an dem der Antwortende sich noch nie befand[1]).

---

[1]) Hier könnte man weiter ins Einzelne gehen und dabei manches lernen. Ich empfehle den Mechanisten die Zergliederung der Tatsache des „In die Schule Gehens": Das Kind reagiert auf der Grundlage seiner historischen Reaktionsbasis, individual bestimmt und auf Zeit- und Ortsbefehl, damit es seine historische Reaktionsbasis erweitere, jedenfalls mit der Wirkung, daß es sie erweitert.

Ich nenne weiter die bekannte, aber nie eigentlich in Zergliederung geformte Tatsache, daß das Gesamtgefüge eines sehr zusammengesetzten Handlungsablaufes durch einen einzigen besonderen begleitenden Umstand in bestimmten seiner Teile in eindeutigem Sinne geändert werden kann, und zwar durch den ganzen Ablauf hindurch:

Ich will eine Reise machen und schildere die geplanten Reiseeinzelheiten; ich habe die Reise gemacht und schildere wieder: das erste Mal stehen alle Verbalformen im Futurum, das zweite Mal im Perfektum.

Ich erzähle etwas, und ein anderes Mal erzähle ich, daß und wie ich jenes erzählte: das erste Mal brauche ich die sogenannte direkte, das zweite Mal die sogenannte indirekte Rede, und das bedingt eine Änderung fast aller Verbalformen in bestimmtem Sinne, durch den ganzen Handlungsablauf hindurch.

Endlich noch Dieses: Das seltsame Naturding, welches handelnder Mensch heißt, benimmt sich bisweilen so, daß wir aus gewissen seiner Reaktionen, den „gesprochenen“, auf eine Zuständlichkeit seiner schließen, welche doch, wie sein späteres Verhalten zeigt, nicht besteht. Wir sagen in solchem Falle, daß der Mensch „gelogen“ hat. Man baue doch eine Maschine, welche gelegentlich „lügt“!

3. Physis und Psyche.

Wir wollen nun die Ergebnisse unserer Zergliederung des seltsamen Naturdinges *Handlung* oder besser *handelnder Mensch* noch einmal kurz zusammenfassen, und zwar in der Weise, daß wir diejenigen einzelnen Kennzeichen des handelnden Menschen scharf betonen, welche in der „anorganischen Welt“ nicht irgendwie ihresgleichen haben. Jedem dieser mechanisch unauflösbaren Kennzeichen aber wollen wir zuordnen denjenigen phänomenologischen oder psychologischen Begriff, von dem wir wissen, daß er eben hier an dieser Stelle in Frage kommt.

1. Der handelnde Mensch ist ein Naturding, das in seinem Wirkungsvermögen mitbestimmt wird durch die zufällige Gesamtheit der Begebenheiten, die es betroffen haben. Er wird geradezu zu diesem so vermöglichen Naturdinge gemacht durch das, was ihn zufällig betrifft.

Diesem physischen Kennzeichen des handelnden Menschen entspricht psychologisch der Begriff des Gedächtnisses als eines Vermögens für künftige nicht durch Sinnesreize bestimmte Erlebnisse.

2. Das seinem Ursprunge nach geschilderte Wirkungsvermögen des handelnden Menschen als eines Naturdinges bedeutet nicht, wie etwa beim Phonographen, ein Vermögen zur bloßen rückgebenden Abbildung des besonderen Überkommenen in seiner eigensten Besonderheit, sondern bedeutet ein Vermögen zur Verwertung des Überkommenen, das heißt ein Vermögen zur Auflösung des Überkommenen in gewisse Letztheiten und zur Neuzusammensetzung von zusammengesetzten Bildungen aus diesen Letztheiten. Dieses Kennzeichen des handelnden Menschen in Verbindung mit dem ersten widerspricht aufs schärfste dem Begriff einer *Maschine*, welche vielmehr ein Naturding ist, dessen Wirkungsvermöglichkeit vom Anfange seines Daseins an vorgesehen ist, auch wenn „Regulations"einrichtungen an ihm bestehen, und das Empfangenes höchstens in der ganz besonderen Art der Zusammensetzung seines Empfangenseins gleichsam zurückzuwerfen vermag (Phonograph).

Psychologisch entspricht diesem Kennzeichen des physischen handelnden Menschen erstens diejenige Tatsache des Seelenlebens, daß, wie wir schon in einem früheren Abschnitt gesondert geschildert haben, alle Erinnerungsbilder nicht eigentlich reproduziert, sondern produziert werden, woraus sich die „Fälschung" derselben trotz jeweils bestehender „Individualität" ergibt. Ferner aber entspricht diesem Kennzeichen des handelnden Menschen als eines physischen Dinges im Strome des Werdens das psychologische Vermögen der echten Neuschöpfung, wie sie bei aller sogenannten höheren seelischen Tätigkeit, zumal in Wissenschaft und Kunst, eine ausgezeichnete Rolle spielt.

3. Alle Verwertung des Überkommenen seitens des handelnden Menschen als eines Naturdinges geschieht nach Maßgabe einer individuellen Zuordnung zwischen Reiz und Wirkung; das heißt: Reiz und Wirkung sind einander in ganz besonderer Form als Ganzes, aber nicht ihren Bestandteilen nach Stück für Stück zugeordnet; ja dasselbe „Ganze" kann physisch in sehr verschiedenen Formen, die gar keine physische Ähnlichkeit miteinander aufweisen, dargestellt sein, und es können andererseits ganz geringfügige physische Änderungen das Ganze als Ganzes durchgreifend ändern. Diese Art der Wirkungszuordnung widerspricht schon an und für sich jeder Art maschinellen Verhaltens durchaus, ganz abgesehen davon, daß das physische Ding „handelnder Mensch" sein Wirkungsvermögen ja erst durch die Zufälligkeiten seiner Geschichte erwarb. Denn diese unbegrenzt variierbare Wirkungsordnung ist ja nichts Regelloses, sondern untersteht besonderen höchst seltsamen Gesetzen, welche freilich Naturwissenschaft als solche nur sehr unvollkommen und schwerfällig würde formen können.

Psychologisch und phänomenologisch lassen sich nun gerade die Gesetze der „Zuordnung" beim Handeln des Menschen, welche sich der physischen Formung mehr oder weniger entziehen, sehr klar und deutlich fassen. Die unmittelbar in ihrer Bedeutung erschauten Wesenheiten des *Sinnes* oder des *Meinens,* des *ordnungshaft Endgültigen,* des *Erledigten* in allen ihren Abwandlungen treten hier auf, insonderheit zum Beispiel der Begriff des *Folgens,* der „logischen Konsequenz", und etwa des Wissens um Beziehungen der „*Kausalität*". Sie sind es, nach Maßgabe deren eine „individuelle" Zuordnung zwischen Reiz und Wirkung in gesetzlicher Form beim Handeln des Menschen besteht. Durch sie und durch sie allein wird das menschliche Handeln „verstanden " —.

Auf dieses „Verstehen" der Handlung des anderen Menschen muß nun noch des näheren eingegangen werden.

Ist es ein „physisches", ein echtes naturwissenschaftliches Verstehen, genauer gesprochen: ein Verstehen im Sinne der Ordnungslehre von der *Natur* — (ganz ohne Rücksicht auf metaphysische Fragen)? Habe ich nicht selbst bei jeder Gelegenheit betont, daß die Reiche *meiner Seele* und der *Natur* scharfgetrennte Reiche des *gleichsam-selbständigen mittelbar Gegenständlichen* seien, daß Naturbegriffe nicht mit Psychologischem vermengt werden dürfen, daß psychologische Begriffe hier, wo es sich um Naturhaftes handelt, nur eine analogienhafte Bedeutung haben?

Gewiß bleibt diese Behauptung und jede ihr sinnverwandte zurecht bestehen; gewiß zumal kann ich im Sinne der Psychologie nur von meiner Seele und ihrem Werden reden. Und dennoch darf gesagt werden, daß das menschliche Handeln als *Natur*geschehnis mit Hilfe jener vor kurzem genannten Begriffe der Phänomenologie und Psychologie verstanden werde; es gilt nur, *Natur*ordnungsbegriffe auf ihrer Grundlage richtig aufzubauen. Also nicht durch jene Begriffe, wohl aber „mit Hilfe" ihrer wird physisch verstanden. Das nun freilich im Sinne eines doppelten *als ob.*

Natur verhält sich, *als ob* die zu ihr aus Ordnungsgründen zusammengefaßten, auf Grund meiner unmittelbaren Erlebnisinhalte als Inhalte gemeinten mittelbaren Gegenstände ein in sich selbständiges Sein und Werden besäßen: so wenigstens sagt die reine Ordnungslehre — (und auch der Kantianismus, wenn sein richtiger Grundgedanke des „Konstitutiven" ganz rein erfaßt wird). Metaphysik knüpft gerade hier später mit selbständiger Gedankenneubildung an.

Meine Seele verhält sich ebenfalls im Sinne dieses *als ob* von Selbständigkeit in ihrem Sein und Werden. Auf Grund meiner unmittelbaren Erlebnisinhalte, wenn ich sie ausdrücklich als Erlebnisinhalt in ihrem Dasein und Dagewesensein betrachte, schaffe ich aus Ordnungsgründen jenes gleichsam selbständige Reich meiner und nur meiner *Seele*[1]). In ihr spielen Begriffe wie „determinierende Tendenz", „latente Einstellung",„Assoziation",„Perseveration",„Wollen",„Nachdenken" eine letzte Rolle; auf sie werden auch als jetzt „seelische" Kennzeichen die ursprünglich unmittelbaren Erlebtheiten Ausdruck gebenden Begriffe „ordnungshafte Endgültigkeit", „Erledigung" und ihre Abwandlungen übertragen: Es ist, *als ob meine Seele* nach Maßgabe eines Ordnungschaffens arbeite; *Ich* arbeite nicht, sondern erlebe nur Geordnetes.

Die Handlung des Menschen als ein *Natur*geschehen verstehe ich nun mit „Hilfe" der Begriffe der Seelenlehre in folgender Weise: Zunächst darf ich nur sagen, es ist so, *als ob* da gewisse in sich selbständige Dinge, Geschehnisse und Vermögen zu Geschehnissen seien; ihre Gesamtheit heißt *Natur*. Nun aber sollen aus Ordnungsgründen die Geschehnisse und die Vermögen, und damit die Dinge der Natur selbst bestimmt gekennzeichnet werden. Das geschieht im Reiche

---

[1]) Vgl. meine Ordnungslehre, S. 317ff. Später wird von der Schöpfung des Begriffs *Seele* noch im Texte zu reden sein.

der unbelebten Natur letzthin mit Hilfe solcher Begriffe wie
der größenmäßig bestimmbaren (meßbaren) *Kraft, Energie* usw.
Im Rahmen der Biologie im engeren Sinne sind schon Begriffe wie *morphogenetische Potenz, Entwicklung, Entelechie*
notwendig, alles Begriffe, die insofern unbefriedigend sind,
als die Besonderheiten, die hier ein „Vermögen“ kennzeichnen,
nichts anderes sind als die Besonderheiten der durch das
Vermögen geschaffenen Naturwirklichkeit, was übrigens auch
schon beim Begriff der „potentiellen Energie“ und Verwandtem
der Fall ist. Im Rahmen des sogenannten *Psychophysischen*
endlich, das aber streng als Physisches gefaßt werden soll,
liegt nun alles für das „Verständnis“ günstiger und zwar
gerade deshalb, weil ich hier Physisches „mit Hilfe“ von
Psychischen kennzeichnen darf. Nicht als griffe „Psychisches“
ein in den Naturverlauf. Wohl aber derart, daß ich sagen
darf: Gewisses Physische, nämlich handelnde Menschen, verhalten sich, wie alles Naturhafte, *als ob* sie selbständig für
sich bestünden in ihrem Werden, und dieses ihr in sich *gleichsam*-selbständige Werden ist nun seinerseits wieder geartet,
als ob da ein Geschehen nach Maßgabe der Gesetzlichkeit
des Geschehens in meiner Seele statthabe. Da ist nicht „Seele“,
die in „Natur“ hineinwirkt, aber da sind Naturwerde-
bestimmer, die wirken, *als ob* sie seelisch wirkten, und das
alles im Rahmen jenes *als ob*, dem Natur überhaupt untersteht.

Im Sinne dieses doppelten *als ob* darf ich also, mit
Kant[1]), sagen, „daß Menschen denken“, und nicht nur,
daß Seelen denken; und damit „verstehe“ ich das Handeln
der Menschen. Aber ich verstehe es nur im doppelten Rahmen
eines „als ob“ oder „gleichsam“. Und sein eines „als ob“
ist von analogienhafter Art: ein nur in seinem Dasein,

---

[1]) Kritik d. r. Vern., 1. Aufl., Zweiter Paralogismus, gegen Ende.

aber nicht in seinem Sosein gekannter Naturfaktor verhält sich zu dem Gebaren des anderen Menschen, *als ob* ihm *Seele* zugeordnet sei. —

Der das physische Gebiet angehenden Feststellung, daß die menschliche Handlung nach dem „Kriterium der Individualität der Zuordnung zwischen Reiz und Effekt" geschehe, wobei die Art der Zuordnung einem besonderen in „physischer" Sprechweise ziemlich schwierig zu fassenden Gesetze folgt, haben wir ganz allgemein jene phänomenologischen und psychologischen Begriffe zugeordnet, welche auf das Erleben des Logischen, im weitesten Sinne des Wortes, gehen.

Es ist nun lehrreich, obschon es nichts grundsätzlich Neues bietet, auch jene Besonderheiten und Zusätze im Rahmen der physisch gefaßten Zuordnungslehre, denen wir anhangsweise eine gesonderte Betrachtung gewidmet haben[1]), uns noch einmal kurz zu vergegenwärtigen und uns zu fragen, wie wir denn sie psychologisch gleichsam auszufüllen vermögen:

4. Zeit und Ort der Wirkung können bei Handlungen durch eine im Reiz enthaltene Besonderheit, einen „Zeit- und Ortsbefehl" bestimmt werden. Bei einer Maschine könnte solches allenfalls durch die wechselnde Stärke des Reizes geschehen, die aber hier keine Rolle spielt.

Und ferner: irgend eine allgemeine Bedingung kann den ganzen Formbau der Wirkung, zum Beispiel die Übertragung eines Gespräches aus der direkten in die indirekte Rede, bedingen.

Diese Sachverhalte sind bedeutsam, da sie es erlauben, ihnen ganz bestimmte psychische Geschehnisse ausfüllend

---

[1]) Siehe oben S. 40ff.

zuzuordnen, so daß der Boden des Allzuallgemeinen verlassen werden kann. Es handelt sich psychologisch nämlich so recht eigentlich um das, was neuerdings „bestimmte Aufgabe“, „determinierende Tendenz“ oder „latente Einstellung“ in bekannten Verschiedenheiten der Wortbedeutung genannt wird. Ich soll „dann und dort“ antworten, oder ich soll die ganze Antwort ausdrücklich unter der Sonderaufgabe, der Sonderbedingung „indirekte Rede“ leisten. Von „determinierender Tendenz“ wird hier bekanntlich, mit Ach[1]), geredet, wenn die Sonderaufgabe als solche bewußt ist oder wenigstens gelegentlich vor das Bewußtsein tritt, von „latenter Einstellung“, mit Koffka[2]), wenn, wie ja auch bei sogenannten posthypnotischen Zeitbefehlen („Terminsuggestionen“), die Sonderaufgabe seelisch nur im Rahmen des „Unbewußten“ besteht. —

Die Zergliederung der Handlung des Menschen als eines physischen Geschehnisses ist nun beendet; sie widerlegt jede Art von mechanistischer Lehre auf diesem Sondergebiete der Biologie — denn um ein solches handelt es sich hier —, und eben weil sie eine Folge der üblichen parallelistischen Lehre verneint, verneint sie die Lehre selbst.

Ganz vorwiegend war unsere Zergliederung des menschlichen Handelns eine Zergliederung des seltsamen Naturgeschehnisses Gespräch. Denn es ist ja eines der wesentlichsten Kennzeichen des Menschen als eines handelnden Naturwesens, daß er sich mit seinesgleichen „unterhält“, daß er, psychologisch gesprochen, Worte und Sätze hört und versteht, nachdenkt, Befehlen folgt und sinnvoll antwortet; Sätze und Worte kann er auch geschrieben oder gedruckt lesen, die Antwort kann er auch schriftlich geben. Denn die selt-

---

[1]) Willensakt und Temperament, 1910.

[2]) Analyse der Vorstellungen, 1912.

samen Naturdinge Menschen beeinflussen eben, als physische Wesen genommen, einander in die Ferne entweder durch Besonderheiten von Luftwellen, welche der eine mit den Sprechwerkzeugen erzeugt, der andere mit dem Ohr aufnimmt, oder durch Besonderheiten von Lichtwellen, welche von mit der Hand des einen gemalten Zeichen ausgehen und welche der andere mit dem Auge aufnimmt. Wir haben gezeigt, daß die parallelistische Lehre widerlegt werden kann rein aus einer Zergliederung des Benehmens des handelnden Menschen als eines Naturwesens heraus; denn eine solche Zergliederung widerlegt eben eine Folgerung aus der üblichen parallelistischen Lehre, die Lehre vom biologischen Mechanismus, und damit jene Lehre selbst.

V. Die Lehre vom Bau des Psychischen.

Wir haben in der bis jetzt abgehandelten Reihe unserer Erörterungen auf verschiedenen Wegen untersucht, ob diejenigen Geschehnisse, an denen die naive Betrachtung „das Seelische" ohne Bedenken bestimmend beteiligt sein läßt, so geartet seien, daß sie restlos, wenn auch nur von „einer Seite", durch ein mechanistisches Geschehensbild wiedergegeben werden können. Wir erkannten, daß das nicht der Fall ist, daß sich also „das Seelische" im Werden nicht so verhält, daß die Rolle, welche es für die naive Auffassung spielt, durch einen klar erfaßten Mechanismus ersetzt werden könnte und dabei doch alle Ergebnisse des Werdens dieselben blieben. Am klarsten wurde diese Einsicht, als wir die *Handlung* des Menschen als ein physisches Ganzes, das vom Reiz zur Wirkung geht, zergliederten und uns fragten: „Kann eine *Maschine* das leisten, was hier geleistet wird?" Aber auch, als wir uns nach der „Herkunft" gewisser seelischer Dinge in ihrer Eigenart fragten, ward uns klar, daß wir das Dasein dieser Dinge in ihrem besonderen Sosein nicht aus dem gegebenen Physikochemischen, also nicht aus Reizen und Hirnbau, zu verstehen imstande seien.

Es ist nun jetzt unsere Aufgabe, „das Physische" und „das Psychische" rein in seinem *Dasein* und *Sosein* zu untersuchen, die physischen und die psychischen „Dinge" also, wenn man das Wort richtig versteht. Was sind die unzerlegbaren Letztheiten, die „Elemente", an diesen physischen und psychischen Dingen? Wie viel unzurückführbare Arten von Letztheiten gibt es in beiden Gruppen? Und von welcher Art ist die Ordnung der Zusammengesetztheit in beiden, wo immer es sich um aus Letztheiten Zusammengesetztes handelt?

Wir beginnen hier mit dem, was eigentlich das Zweite sein sollte, mit der Frage nach der Ordnungsform, dem „Typus", der Zusammensetzung in zusammengesetzten physischen und psychischen Dingen, wobei wir als bekannt voraussetzen, daß es auf beiden großen Gebieten des mittelbar gemeinten Seins, auf dem Gebiete des Seelischen also und des Naturwirklichen, zusammengesetzte „Dinge" gibt, und wobei wir die Frage, aus was denn zusammengesetzt werde, einstweilen vertagen. Deshalb aber setzen wir das eigentlich Zweite hier als Erstes, weil es sich da, mit Rücksicht auf die Frage des Parallelismus, um Bekanntes, um schon von anderen Denkern Gesagtes handelt, während wir glauben, mit Rücksicht auf eine Frage, die mit dem Dasein der physischen und psychischen Letztheiten als solchem zusammenhängt, Neues, noch nicht Gesagtes im Hinblick auf unsere Aufgabe beibringen zu können. So wollen wir denn also, da wir ja doch nicht ein Lehrbuch schreiben, zuerst das schon Bekannte im Rahmen der allgemeinsten Lehre vom Sosein des Psychischen und des Physischen in seiner Bedeutung für die Parallelismusfrage erledigen.

A. Der Ichbezug.

Daß alle seelischen Dinge, alle Erlebtheitsinhalte also
einschließlich alles „Bedeutungshaften“, oder, besser, alle *unmittelbaren Gegenstände*, daß sie alle meine Gegenstände sind,
und daß dieses Mein-sein für jeden Gegenstand ausdrücklich
erlebt werden kann, wenn es auch nicht in jedem Falle, wo
der Gegenstand erlebt wird, erlebt zu werden braucht, das
weiß jeder bewußt gesunde Mensch. Daß das *Ich denke* alle
meine Vorstellungen müsse begleiten können, hat Kant
einmal gesagt. Ich würde anstatt des „Ich denke“ hier lieber
das unbestimmte von Rehmke stammende *Ich habe* setzen;
doch mag es bei dem Kantischen Satze bleiben, wenn man
das „Ich denke“ und die Worte „Vorstellung“ und „begleiten“
richtig versteht.

Es handelt sich um das unmittelbare bedeutungshafte
Haben einer Urbeziehung, nämlich eben der Urbeziehung *Ich
habe wissend* oder kurz *Ich weiß*. Alles Nähere, was man
über diese Beziehung etwa ausmachen könnte und im Rahmen
eines eigentlich philosophischen Gefüges ausmachen muß,
geht uns hier nichts an, so zum Beispiel der Umstand, daß
das Ich einzig, oder vielmehr jenseits von Einheit und Vielheit, und daß es unzeitbezogen ist. Uns geht nur an, daß
der „Ichbezug“, wie kurz gesagt werden mag, besteht, und
daß alle seelischen Dinge ihn ausdrücklich tragen können.
Er „begleitet“ die seelischen Dinge nicht eigentlich, sie sind
vielmehr mit ihm, bildlich gesprochen, unauflöslich verwoben,
ohne doch, wie die physischen Dinge in das Beziehungsgefüge Räumlichkeit, in so etwas wie einen Rahmen, eingespannt zu sein.

Alle seelischen Dinge sind also mittelpunktbezogen („zentriert"), nicht „neben-bezogen"; und das scheidet die Bauformen des Psychischen und des Physischen grundsätzlich voneinander. Der Ausdruck „mittelpunktbezogen" ist natürlich ein Bild, ein schlechtes Bild; aber wie soll mit Hilfe der an der Naturwirklichkeit gebildeten Sprache ausgedrückt werden, was in seiner bedeutungshaften Besonderheit eben nur „bewußt gehabt", das heißt erlebt werden kann? In der Tat besteht also noch ein viel größerer Unterschied zwischen den physischen und den psychischen zusammengesetzten Dingen, als derjenige Unterschied ist, welchen in ihrem eigentlichen, ursprünglichen Sinne die Worte „mittelpunktsbezogen" und „nebenbezogen" ausdrücken wollen. Und dazu käme noch, daß alles Mechanische sich in der homogenen umkehrbaren Naturzeit abspielt, während die unmittelbare psychische „Zeit", wovon noch zu reden sein wird, so ganz und gar anders gebaut ist.

Es bedarf keiner vielen Worte darüber, daß zum mindesten eine große Schwierigkeit für die Lehre vom psychophysischen Parallelismus in dem Umstande gelegen ist; daß dem Physischen und dem Psychischen ein so ganz durchgreifender Unterschied in den allergrundsächlichsten Beziehungen ihres Baugefüges eignet. Gilt doch die Ichbezogenheit von allen psychischen Dingen, ja sogar von den unzerlegbaren sogenannten anschaulichen Seelendingen, also etwa von dem gehabten Gegenstand *rot* als einem Erlebnis. Wenn man so will, gibt es also, eben wegen der Ichbezogenheit, eigentlich „einfache" psychische Dinge in der Tat gar nicht; denn in dem *Ich habe Etwas* haben sowohl das *Ich* wie das *Etwas* nur in ihrem Verknüpftsein durch das *habe* einen angebbaren Sinn; erst auf Grund besonderer Kunstgriffe kann 'es so scheinen, als wäre der Sachverhalt anders; auf dem Boden des eigentlich Erlebtheitsmäßigen wird der ursprüngliche Sachverhalt aber auch durch die hier gemeinten Kunstgriffe — welche zu den Schöpfungen *Natur, Seele* und *Absolutes* führen — nie und nimmer aufgehoben.

B. Die „Aufgipfelung".

H. Schwarz[1] hat das Wort „Aufgipfelung" zur Kennzeichnung einer besonders wichtigen Seite der Gefügeform seelischer Dinge verwendet und damit, wie das so oft durch eine glückliche Namengebung geschieht, klar hervorgehoben, was vordem minder scharf gesehen worden war.

Es handelt sich um die Fragen, wie bei zusammengesetzten seelischen Dingen die Teile sich zum Ganzen verhalten und wie das Ganze aus den Teilen „resultiert".

Wir knüpfen passend unsere Erörterungen an gewisse Ausführungen Lotzes über die Verwendung des Wortes „Resultante" auf psychologischem Gebiete an, wollen aber die folgende Darlegung in unserer eigenen Weise, also von den beachtenswerten Erörterungen der beiden von uns genannten Denker im einzelnen unabhängig gestalten; wir dürfen das um so eher, als Lotzes Analyse[2] des Begriffs „Resultante" ein wesentlich anderes Ziel verfolgt als unsere Untersuchung.

Wenn ich, im Rahmen der graphischen Mechanik, weiß, daß irgend eine nach Größe und Richtung eindeutig gekennzeichnete Strecke, welche eine „Kraft" darstellen soll, eine *Resultante* sei, also aus anderen „Kräften" nach dem Newtonischen Parallelogrammsatz herstamme, so weiß ich damit über Richtung und Größe dieser anderen früheren einzelnen Kräfte gar nichts. Aus unendlich vielen Kräftegruppen kann jene

---

[1] Grundfragen der Weltanschauung, 1912, S. 98.
[2] Metaphysik, 1884, S. 478ff. Es handelt sich bei Lotze darum, ob das Ich-Erlebnis eine „Resultante" sein kann oder nicht.

neue Kraft „resultiert" sein; es ist ganz und gar unmöglich ihr, als einer Resultante, anzusehen, aus welchen
sie es ist. Alles einzelne Zusammensetzende oder, strenger,
Zusammengesetzthabende ist in die neue, ihrer Größe und
Richtung nach eindeutig vorliegende Zusammensetzung eingegangen, aufgenommen, verschwunden, ohne eine Spur seiner
selbst als einer Einzelheit zu hinterlassen. Die neue Kraft
ist die *Werdefolge*; sie kenne ich; aber „Folge setzen" lehrt
nicht „Gründe setzen", auf dem Gebiete des Naturwerdens
und seiner Verknüpftheit ganz ebensowenig wie auf dem Felde
des rein denkhaften *Mitsetzens*, der reinen „logischen Konsequenz".

Man sagt nun, daß diejenigen psychischen Dinge, welche
im eigentlichsten, engeren Sinne Gedanken, Abstraktionen,
Allgemeinheiten oder wie immer genannt werden, aus vielen
Einzelheiten psychisch-dinghafter Art, unter denen letzthin
viele Wahrgenommenheiten sind, *resultieren*. Sehen wir uns
dieses psychische „Resultieren" etwas näher an:

Ich *habe* da das seelische Ding, den Gedankeninhalt, das
bedeutungshafte Erlebnis, den (unmittelbaren) Gegenstand,
oder wie man es nennen will:

„Die Verschiedenheit der Systeme des Descartes
und des Spinoza."

Das ist ein eindeutig „Gehabtes" von sehr zusammen-
gesetzter Art. Es ist „resultiert" aus einer sehr großen Menge
früherer bedeutungsmäßiger Gehabtheiten der verschiedensten
Art; hätte ich diese nicht erlebt, so könnte ich den neuen
Gedanken in seiner Besonderheit nicht erleben. Aber ist,
wie im Mechanischen, alles einzelne Zusammensetzende in die
neue „resultierende" Zusammengesetztheit hinein verschwunden? Ist das Neue in irgend einem Sinne bloße „Folge",
deren Kenntnis mir, wie wir wissen, für die Kenntnis ihrer

„Gründe“ nichts nützt? In gewissem Sinne wohl, insofern nämlich, als ich nicht imstande bin, mir nun im einzelnen jedes Erlebnis mit seinem ganz bestimmten Zeitort erinnerungsmäßig zu vergegenwärtigen, das die *Resultante* „die Verschiedenheit usw.“ gezeitigt hat. Aber andererseits sind doch die Teile ganz und gar nicht in das Ganze hinein bis zu vollkommener Unkenntlichkeit geschwunden. Ich habe jenen Gedanken „die Verschiedenheit usw.“ freilich durchaus in einem meinenden „Akt“. Unsagbar verwoben habe ich da aber trotz allem in der Einheit eine Fülle, und aus der Fülle, die ich in Einheit habe, kann ich jederzeit an einzelnem, an Resultante-lieferndem, herausholen, was mir beliebt. „Unsagbar“ verwoben aber ist das eine, was ich da habe, im vollsten eigensten Sinne des Wortes, denn ein eigentliches „Sagen“ gibt es hier eben nicht, weil die Sprachen mit Rücksicht auf die Bedürfnisse des Naturerfassens, aber nicht mit Rücksicht auf die Bedürfnisse des Seelenerfassens gebildet wurden. Was das ist, einen Gedanken „haben“ mit allen seinen bedeutungshaften Tönungen, mit allen seinen Zeichen der *ordnungshaften Endgültigkeit*, der *Erledigung*, des *Zeitlichen*, des *Kreismäßigen*,— das kann nur, vielleicht durch Anregungen verstärkt, erlebt werden. Das alles kann ich ja, naiv gesprochen, nicht aufzeigen, nicht vorzeigen, wie die Einzelheiten eines Naturgegenstandes; ja nicht einmal gibt es hier Erleichterungsmittel, wie im Geometrischen die Zeichnungen, im Arithmetischen die Buchstaben und die mathematischen Zeichen es sind. Deshalb ist es so schwer auf psychologischem und phänomenologischem Boden den Anderen zu „überzeugen“. Denn es ist schon so schwer auch nur auszudrücken, was man überhaupt meint. Daran ändern auch alle Experimente nichts.

Zusammenfassend können wir also sagen: Will man überhaupt von einem „Resultieren" von Wirkungen auf physischem und auf psychischem Gebiete reden, so ist der Bau der „Resultante" auf beiden Gebieten jedenfalls von durchaus verschiedener Art.

Den grundlegenden Unterschied in der „Struktur" psychischer und physischer Dinge kann man nun auch ohne Hereinziehung des Begriffs der „Resultante" darlegen. Daß dieser Unterschied das eine wie das andere Mal zum mindesten eine ernste Schwierigkeit für die parallelistische Lehre bedeutet, ist so einleuchtend, daß es weiterer Worte nicht bedarf.

Im Sinne des Mechanismus darf man sagen, daß alle Zusammensetzung physischer Dinge auf dem *Neben*einander beruhe, und daß alle Verschiedenheiten der Zusammensetzung eigentlich nur Verschiedenheiten der Richtung und Größe des *Neben* bedeuten. So ein allgemeiner Rahmen für Zusammengesetztheit, innerhalb dessen zwei Kennzeichnungen — (nämlich eben Größe und Richtung) — stetig veränderlich sind, ist nun aber für das Zusammengesetztsein psychischer Dinge nicht vorhanden. Der Gedankeninhalt: „Die Verschiedenheit zwischen den Systemen des Descartes und des Spinoza" unterscheidet sich von dem Gedankeninhalt, dem „Gegenstande": $\dfrac{\sqrt{ax^2 - bx}}{dx}$ nicht darin, daß gleichsam innerhalb desselben Behältnisses meßbare, der stetigen Veränderbarkeit unterworfene Unterschiede bestehen. Es fehlt ihm sogar durchaus so etwas wie ein Rahmen oder Behältnis, denn der Ichbezug ist, wie wir wissen, ein solches nicht, der oft gehörte Ausdruck Bewußtseins„inhalt" ist vollkommen irreführend.

Doch können wir hier die Betrachtung abbrechen; der folgende und zugleich letzte Abschnitt unserer Zergliederung wird nämlich zeigen, daß das, wovon wir hier redeten, die „Struktur" der psychischen Dinge zum Unterschied vom Gefügebau der physischen, Teil eines umfassenden Ganzen ist und also mit diesem zugleich seine Erledigung findet, ja eines umfassenden Ganzen von so grundlegender und für das endgültige Wort in Sachen des Parallelismus so entscheidender Art, daß man sagen darf, die bis hierher geführten Erörterungen des letzten Hauptteiles dieser Schrift seien nicht mehr als Vorbereitungen oder Einleitungen gewesen zu den Betrachtungen, die jetzt folgen.

C. Der „Grad der Mannigfaltigkeit" des Psychischen verglichen mit dem des Physischen.

1. Der Begriff „Grad der Mannigfaltigkeit".

Wir wollen jetzt „das" Psychische und „das" Physische auf den *Grad seiner Mannigfaltigkeit* hin prüfen.

Unter der *Mannigfaltigkeit* einer Setzung verstehe ich ihren „Inhalt", insoweit er in *Letztheiten* zerlegt ist, also in solche Teilsetzungen, welche sich nicht weiter zerlegen lassen; die Bedeutung dieser Letztheiten selbst läßt sich nicht im eigentlichen Sinne umgrenzen („definieren"), sondern läßt sich nur, im Sinne Husserls, wesenhaft schauen. Der *Grad* der Mannigfaltigkeit einer Setzung wird nun durch die Zahl von Setzungsletztheiten angegeben, welche zu ihrer vollständigen Umgrenzung notwendig sind, durch die Zahl ihrer Letztmerkmale also. In bezug auf ihren Mannigfaltigkeitsgrad können zwei Setzungen im Verhältnis zueinander entweder mannigfaltigkeitsgleich oder mannigfaltigkeitsärmer und -reicher sein [1]).

---

[1]) Näheres in meiner Ordnungslehre, S. 121 ff.

Naturdinge und Seelendinge werden durch Setzungen mittelbar „gemeint"; sie sind *mittelbare Gegenstände*. Es hat aber einen klaren Sinn auch vom Mannigfaltigkeitsgrad von mittelbaren Gegenständen als solchen zu reden, obschon unmittelbar immer nur Setzungsmannigfaltigkeit erfaßt wird. Wenn von Dingen, im weitesten Wortsinne, die Rede ist, gibt also der Mannigfaltigkeitsgrad die Zahl der Letzteigenschaften an, wobei unter dem Wort „Eigenschaft" auch alles *Beziehliche* verstanden wird.

Die Setzungen „gleichseitiges Dreieck" und „Quadrat" sind also, obschon verschieden, mannigfaltigkeitsgleich; die Setzung „gleichseitiges Dreieck" ist aber mannigfaltigkeitsärmer als die Setzung „dieses bestimmte ungleichseitige Dreieck", denn ich brauche eine größere Zahl von Letztangaben, um das zweite zu kennzeichnen. Und von Naturdingen ist eine Billardkugel mannigfaltigkeitsärmer als ein Tintenfaß.

Wir haben gesagt, daß „das" Psychische und „das" Physische auf seine Mannigfaltigkeit hin untersucht werden solle. Dieser Ausdruck kann offenbar nur meinen, daß der mögliche Höchstgrad der Mannigfaltigkeit der Gesamtheit der „Dinge" überhaupt in dem einen und in dem anderen Seinsreiche untersucht werden solle. Mit anderen Worten, es wird gefragt: „Mit wieviel Letztsetzungen läßt sich die Gesamtheit des Physischen und die Gesamtheit des Psychischen kennzeichnen? Oder läßt sich doch wenigstens eine Aussage darüber gewinnen, ob sich die Gesamtheit des Einen mit mehr Letztsetzungen als die Gesamtheit des Anderen kennzeichnen läßt?" Eben die Beantwortung dieser Frage wird von ganz außerordentlicher Bedeutung für die Beantwortung der parallelistischen Frage sein.

2. Die Mannigfaltigkeit des Physischen.

Wir beginnen die Untersuchung mit Betrachtung des Physischen im Sinne einer durchaus mechanistisch gefaßten Naturlehre, stellen uns also ex hypothesi auf den Boden des Parallelismus, der ja für die Natur nichts anderes als raumhafte Dinge und raumhafte Geschehnisse kennt.

Der Mechanismus arbeitet mit Urdingen und mit Wirkungen zwischen diesen. Der Mannigfaltigkeitsgrad des mechanistisch gefaßten Physischen wird also bekannt sein, wenn gekannt sind: Die Arten der Urdinge, die Zahl der Einzeldinge jeder Urdingsart, die Letztarten der Urdingswirkungen, die Lagen aller Urdinge in bezug auf einander oder in bezug auf irgend ein beliebiges Koordinatensystem.

Urdingarten gibt es, auf Grundlage der heutigen weitentwickelten Physik und Chemie, höchstens drei: positive Elektronen, negative Elektronen, Äther. Vielleicht kann der Äther gestrichen werden; ja die Hoffnung besteht, letzthin doch noch einmal mit nur einer Urdingart, im Sinne eines echt Newtonischen Mechanismus, auszukommen. Wenn wir drei Urdingsarten annehmen, so machen wir also eine „ökonomisch" höchst ungünstige Annahme für den Mannigfaltigkeitsgrad des Physischen[1]).

Über die Zahl der Einzeldinge jeder Urdingart ist nichts bekannt, nicht einmal, ob sie endlich ist oder nicht. Für unsere Zwecke ist aber, wie sich zeigen wird, die Frage nach der Zahl der Einzeldinge jeder Urdingart ohne Bedeutung.

Als Wirkungsletztarten zwischen den Urdingen kannte die Newtonische Materientheorie nur zwei: den Stoß und die Newtonische Fernkraft. Die Webersche elektrodynamische Theorie nahm dazu noch an, daß die Geschwindig-

---

[1]) Näheres zur „Materientheorie" in meiner Ordnungslehre, S. 225ff.

keit eines bewegten Urdinges einen maßgebenden Einfluß auf seine Wirkungsweise auf andere Urdinge habe. Die neuesten Lehren kennen als Letztwirkungsweisen höchstens: diejenige Wirkungsweise, welche in den Maxwellschen Gleichungen zum Ausdruck kommt, die Newtonische Fernkraft und den Stoß; vielleicht genügt ihnen die erste von diesen dreien.

Die physische Welt im Sinne des Mechanismus ist also, wenn bloß auf Ding- und Wirkungsarten letzter Hand gegangen wird, arm an Mannigfaltigkeit. Freilich gibt es nun aber in ihr die unsagbar mannigfaltige räumliche Anordnung der Urdinge. Sie bedingt recht eigentlich die doch nun für die alltägliche Erfahrung einmal vorhandene Mannigfaltigkeit der Dinge im Raum.

Davon reden wir noch später.

Durch eine gewisse Änderung der Betrachtungsweise sei zunächst das über die Mannigfaltigkeit des Physischen Gesagte etwas vereinfacht. Durch Verwendung des Begriffs Vermögen läßt sich nämlich die Kennzeichnung jener Mannigfaltigkeit insofern anders als bisher gestalten, als aus den Wirkungsletztarten im Physischen Soseinskennzeichnungen letzter Art für die physischen Urdinge selbst gemacht werden können.

Wie schon Leibniz klar gesehen hat, muß alles, was in irgend einem Sinne „Substanz", d. h. Beharrliches im Rahmen der Natur ist, durch ein Sosein, das alsdann sein Wesen heißt, gekennzeichnet werden[1]); eben dieses eigenschaftliche Sosein beharrt; nicht ist da ein leeres „Etwas". Oder anders: ein beharrendes Eigenschaftliche heißt *das Beharrliche* („Substanz"). In diesem Sinne eben können die physischen Wirkungsweisen letzter Art als Vermögen letzter Art zu den übrigen Wesenskennzeichnungen der Urdinge ge-

---

[1]) Z. B. Monadologie 8.

schlagen werden. Die Mannigfaltigkeit des Physischen ist alsdann gekennzeichnet durch eine bestimmte Zahl von in bestimmter Raumesverteilung befindlichen Urdingen von vielleicht nur einer Art, von höchstens drei Arten. Im Newtonischen Sinne, also im Sinne des vollendetsten „Mechanismus" wäre das Wesen der einen einzig in Betracht kommenden Urdingart: Beweglich-sein, So-groß-sein, Durchausunzusammendrückbar-sein, Stoßen-können, Gestoßen-werden-können, Anziehen-können nach dem Newtonischen und vielleicht auch nach dem Weberschen Gesetz. Diese beharrlichen Eigenschaften wären immer beieinander; ihre Gesamtheit macht ein *Wesen* aus.

Man sieht es: wenn von der Verteilung der Urdinge im Raum abgesehen wird, ist das Physische nicht eben reich an Grad der Mannigfaltigkeit. Wenige Begriffe genügen dazu, das Physische setzend als mittelbaren Gegenstand zu kennzeichnen. Das einzelne physische Ding aber besteht aus immer denselben Letztheiten, die wenige an Arten, ja vielleicht nur einartig sind, und die große Mannigfaltigkeit der physischen Dinge rührt — im Sinne des Mechanismus — lediglich daher, daß jene Letztheiten in bestimmten, sehr mannigfaltigen Weisen räumlich verkettet sind; lediglich und durchaus auf Grund der „Vermögen" der physischen Letztdinge bestehen die physischen Dinge der Erfahrung, wenn die Verteilung der Letztdinge im Raum einmal gegeben ist. So lehrt es die mechanistische Materientheorie.

3. Die Mannigfaltigkeit des Psychischen.

Wenn wir uns nun anschicken, den Grad der Mannigfaltigkeit „des Psychischen" zu untersuchen, so müssen wir uns vor allem daran erinnern, zu welchem Zwecke unsere Untersuchung geführt wird. Aus diesem Zweck nämlich wird erst klar, was der Gegenstand der engeren Untersuchung sein muß.

a) Der Begriff „Das Psychische".

Wir prüfen die Lehre vom psycho-physischen Parallelismus auf ihre Richtigkeit oder Falschheit. Was da zunächst der scharfen Fassung bedarf, ist der Begriff *psychisch*, und zwar mit ganz besonderer Rücksicht auf den Sinn, in dem er in die Rede vom „psycho-physischen Parallelismus" eingeht. Es ist das nämlich, wie sich sogleich unschwer wird erkennen lassen, ein ziemlich enger Sinn, und zugleich ist es der ureigenste, der ursprünglichste Sinn des Wortes „psychisch". Schon an früherer Stelle des Ganzen [1] haben wir kurz angedeutet, was jetzt breitere Ausführung verlangt.

„Psychisch" im Sinne der Lehre vom Parallelismus ist der Inhalt, der unmittelbare Gegenstand, das „psychische Ding", so wie Ich es bewußt habe, und alles „Psychische" in irgend einem „theoretischen" Sinne · tritt dagegen zurück. Die Gesamtheit meiner bewußten Gehabtheiten — um ein ungewohntes, aber seiner Farblosigkeit wegen gerade passendes Wort hier anzuwenden — und zwar diese Gesamtheit im Sinne einer auf Grund meiner Erinnerung von mir gesetzten rein zeitlichen [2] Abfolge ist es, die zur Erörterung steht, die der Parallelismus in bestimmter Weise „erklären" will als Abfolge und als bewußte Gehabtheiten. Er mag daneben von „unbewußtem" Psychischen reden, gewiß; aber nie darf er das „bewußt" Psychische beiseite stellen. Das würde soviel heißen, wie ein „Problem" dadurch „lösen" wollen, daß man es vor jedem Lösungsversuch beseitigt.

---

[1] Siehe oben S. 13f.

[2] Also nicht einer in sich folgeverknüpften! Die Folgeverknüpfung jener „Gesamtheit" gelingt bekanntlich (s. Ordnungslehre, S. 298—322) überhaupt nicht „in sich", sondern nur durch Schaffung des Begriffs meine Seele, wovon wir noch reden werden.

Es ist von außerordentlicher Bedeutung, sich diese Sachlage ganz klar vor Augen zu stellen; tut man es nicht, so geht man an der eigentlichen Aufgabe vorbei.

Die bewußten Gehabtheiten als bewußte Gehabtheiten also sind der Gegenstand der Untersuchung. Da darf denn, wie gesagt, der eigentliche Gegenstand der Untersuchung nicht erst beseitigt werden, ehe die Untersuchung beginnt; dann hätte sie keinen Sinn mehr. Den Gegenstand der Untersuchung vor Beginn der Untersuchung beseitigen tun aber alle, welche da sagen [1]), daß die bewußten Gehabtheiten, so wie sie als bewußt gehabte sind, „eigentlich“ gar nicht da seien. Da „seien“ vielmehr im Sinne psychischen Seins „eigentlich“ lauter sehr einfache Letztheiten, aber die „seien“ unbewußt; Ich kenne sie nicht, ich kenne und verstehe auch nicht, wie sich aus ihnen aufbaut das, was ich kenne und bewußt habe.

Ganz gewiß darf die wissenschaftliche Psychologie als eine Werdelehre sich eine „Theorie“ schaffen und dazu Begriffe bilden, wie sie sie braucht; und diese Begriffe dürfen auch ganz gewiß „Unbewußtes“ als mittelbare Gegenstände eines besonderen Kreises meinen. Aber sie darf solche Begriffe nur schaffen unter Nötigung seitens des Wissens um das unmittelbar bewußt Gehabte. Das und das allein steht denn doch eigentlich zur Untersuchung! Und was nun die Frage des Parallelismus angeht, so soll hier doch gerade geprüft werden, ob das bewußt Gehabte, so wie es ist, die „Parallelisierung“ mit dem Mechanismus verträgt. Jedes andere Vorgehen ist hier Dogmatismus, das heißt Glaubens-

---

[1]) Ich kann J. Schultz (Annal. d. Phil. I, 1919, S. 473) von diesem Vorwurfe nicht freisprechen: die bewußt gehabten unzerlegbaren „Inhalte“ sind eben unter den unmittelbaren psychischen Letztheiten, sind eben psychische Letztdinge, wenn man diesen Ausdruck benutzen will.

setzung ohne zureichende Gründe, und zwar Dogmatismus allerschlimmster Art; es kann überhaupt keinen Anspruch auf Beachtung seitens einer wissenschaftlichen Psychologie und Philosophie machen. Vielleicht führt nun in der Tat die Versenkung in das Wesen der bewußten Gehabtheiten, als eine Versenkung in „die Sache selbst", dazu, eine Lehre nach Analogie des physischen Materientheorie aufzubauen. Dann ist es gut. Aber vielleicht führt jene Versenkung auch zu etwas ganz anderem. Dann muß es auch gut sein. Aber der Parallelismus mit dem, was er behauptet, sieht sich jedenfalls vor die Frage gestellt und darf diese Frage nie und nimmer umgehen, ob das bewußt Gehabte als eben bewußt Gehabtes, so wie es ist, aus seinem wissend erfaßten Wesen heraus die Parallelisierung mit Mechanischem wirklich verträgt.

Zur Prüfung dieser Frage ist nun eben die Erörterung des *Mannigfaltigkeitsgrades* von Psychischem und Physischem von ganz besonderer Wichtigkeit. Führt die auflösende Betrachtung hier wirklich zur Annahme nur ganz weniger Arten seelischer Letztdinge, nach Ähnlichkeit zur Materientheorie im Kreise des Physischen, so möchte das wohl zur Stütze des Parallelismus dienen, obwohl auch dann vielleicht das Gesetz der Abfolge des Psychischen keine mechanische „Parallele" vertragen möchte. Aber der unvoreingenommene Denker wird sich auch gegenwärtig halten müssen, daß er vielleicht nicht nur keine Stütze für den Parallelismus aus der Behandlung der Frage des Mannigfaltigkeitsgrades gewinnen wird, sondern sogar ohne alles Weitere Gründe für seine endgültige Widerlegung.

Die Frage, welche wir zu beantworten suchen, ist also diese: „Welcher Art ist das Wesen der seelischen, unmittelbar bewußt gehabten „Dinge", mit besonderer Rücksicht auf den Grad ihrer Mannigfaltigkeit?"

Nicht aber dürfen wir ausgehen davon, wie wir wohl möchten,
daß das Wesen des Psychischen geartet sei, auf daß der
Parallelismus zurecht bestehen könne, und in diesem Sinne
für „Psychisches“ ausgeben, was nicht in irgend einem Sinne
ein bewußt Gehabtes ist.

b) Der Mannigfaltigkeitsgrad des Psychischen.

Es ist vielfach üblich, alles bewußt Gehabte als „Vorstellungen“ zu bezeichnen; aber dieses Wort kann leicht irre-
führen, und zwar, indem es eine bestimmte psychologische
Theorie gleichsam vorwegnimmt. Denn „Vorstellungen“ im
eigentlichen Sinne heißen eben auch solche Gehabtheiten,
welche irgendwie anschaulich gehabt, obschon nicht wahrgenommen sind. Wir wollen allgemein von *Erlebtheitsgegenstand* oder kurz von bewußt „Gehabtem“ reden. Ein
Erlebtheitsgegenstand ist also ein Gegenstand, in dem jetzt
üblichen sehr allgemeinen Sinne des Wortes, als ein erlebter. Unsere Untersuchung geht also ausdrücklich auf
mein Erleben des jeweils gehabten „Gegenstandes“, nicht
aber auf den Gegenstand in seinem Gegenmich-Stehen als
solchem, wie Logik und Mathematik es behandeln. Aber wenn
wir uns darauf besinnen, welche unzerlegbaren Letztheiten,
welche „Elemente“, es im Reiche der Gegenstände als solcher
gibt, so ist eine rein gegenstandstheoretische Untersuchung
doch darum von ganz unmittelbarer psychologischer Bedeutung, weil sich die Zahl der letzten Erlebensarten oder „seelischen Dinge“ gar nicht anders als an der Hand des Wissens
um die Zahl der letzten Gegenstandsarten bestimmen läßt,
ohne daß darum Erlebtheitsgegenstand und Gegenstand als
solcher dasselbe wären.

Nimmt man das Wort „Vorstellung“ im engeren Sinne,
so sind unzerlegbare Letztheiten, „Elemente“, aller Vorstel-

lungsinhalte die sogenannten Empfindungen. Mit diesen, und zwar als ausdrücklich meinen Gegenständen, wollen wir uns bei unserer Untersuchung des Mannigfaltigkeitsgrades des Psychischen zuerst beschäftigen. Im Sinne der reinen gegenständlichen Logik, der *Ordnungslehre*, darf nicht eigentlich von „Empfinden" und darf auch nicht von „Sinnen", ja, darf nicht einmal von „Anschaulichem" gesprochen werden. Da bildet das, was wir an diesem Orte der Kürze halber Empfindungsinhalte nennen dürfen, eine Gruppe im Rahmen des Soseins; es ist die Gesamtheit letzter, unzerlegbarer *reiner Solchheit* („Qualität") von echt gegenständlicher Art; und es zerfällt selbst wieder in Soseinsgruppen. Doch, wie gesagt, hier dürfen wir in der allgemein üblichen Weise reden. Tun wir das, dann sind „Elemente" unter den Empfindungsinhalten: *dieses Rot, dieses Grün, warm, der Ton c', zuckersüß* und unsagbar viele andere.

Alle diese Empfindungsarten, diese Vorstellungsletztheiten werden aufs klarste als nicht weiter zerlegbar und als ausdrücklich ihrem Sosein, nicht etwa ihrer Stärke nach verschieden erschaut.

Und eben das ist nun schon eine für unsere Frage nach dem Mannigfaltigkeitsgrad des Psychischen im Verhältnis zum Mannigfaltigkeitsgrad des Physischen ganz außerordentlich wichtiges Ergebnis. Gleich hier am Anfang stehen wir vor Grundlegendem: Man braucht, so sehen wir, gar nicht einmal über das Vorstellungshafte im engeren Sinne auf psychischem Gebiete hinauszugehen, um einzusehen, daß der Mannigfaltigkeitsgrad des Psychischen jedenfalls in einer gewissen Beziehung größer als der des Physischen ist. Jedenfalls mit Rücksicht auf das, was man „Arten psychischer Urdinge" nennen könnte, ist er es. Da gibt es nicht höchstens drei Urdingarten, wie im Physischen, sondern zum mindesten sechs bis sieben Gruppen von Arten, jede mit vielen Sonderarten.

Wir wollen aus dieser wichtigen Tatsache fürs erste noch keinen Schluß ziehen, wir wollen auch noch die Frage offen lassen, ob nicht vielleicht dem „weniger“ in gewisser Hinsicht ein „mehr“ in anderer auf dem Gebiete des Physischen möchte entgegenstehen. Einstweilen wollen wir nur aufzählen, was es außer Empfindungsinhalten noch sonst für Letztheiten im Reiche psychischen, und zwar ausdrücklich bewußt-psychischen Seins, im Reiche „psychischer Dinge“ also gibt. Wir wissen, daß wir uns zu diesem Zwecke auf die Letztarten der „Gegenstände“ besinnen müssen, deren jeder eine Letztart von Erlebtheitsgegenständen entspricht, und zwar so eng entspricht, daß, der Kürze des Ausdrucks wegen hier ohne weiteres die einen Letztarten für die anderen stehen können.

Da ist nun zunächst, als Etwas, das mit dem Empfindungshaften jedenfalls noch gewisse Ähnlichkeiten hat, der erlebte Letztgegenstand *Neben*, und dann ist da das Erlebnis des *Damals* oder des *Früher als*, das zusammengesetzten Erlebnisgegenständen („Komplexen“) als eine Art *Zeichen* oder Tönung anhängen kann. Und dann sind da die Letzterlebnisse *Lust* und *Unlust*. Es ist für unsere Zwecke gleichgültig, Näheres über alle diese Dinge auszumachen und in die Behandlung von Streitfragen einzutreten.

Weitere Gruppen von Letzterlebnissen auf psychischem Felde finden wir, wenn wir uns anschicken, das zusammengesetzte Erlebnis *Gedanke*, welches vielleicht im Grunde das eigentlich verwirklichte Erlebnis überhaupt ist [1]), — derart

---

[1]) Vgl. Logik als Aufgabe, S. 68. Jedes bewußt gehabte Etwas nämlich hat „unanschauliche“ Bestandteile; „Rot“ z. B. ist *dieses, solches, unzerlegbar* (letztes, „elementares“), *bekannt* usw. Wer das Wort

daß jedes Erlebnis eigentlich Gedanke ist, und zwar im Sinne ausdrücklichen als solcher Gehabtwerdens —, wenn wir uns anschicken, das Erlebnis *Gedanke* selbstbesinnlich zu zergliedern.

Da „schauen" wir denn im Erlebnis *Gedanke* eine große Menge bedeutungshafter *Zeichen*, die alle zu der seltsamen Bedeutung *Ordnung* einen Bezug haben: Zeichen der *Endgültigkeit* mit Rücksicht auf Ordnung (*dieses, solches, das andere, bezogen, verschieden, soviel, mehr, das Ganze* usw.) Zeichen der *Erledigung*, das heißt: des Schon-in-Ordnungseins, der Ordnungs-bekanntheit, und Zeichen der *Kreiszugehörigkeit*, welche aussagen, daß dieser Erlebnisinhalt da „nur Vorgestelltes", jener „Geträumtes", jener andere „Dramatisches", jener vierte „Naturwirkliches", jener fünfte „Metaphysisches" meint oder betrifft. Und es werden diese Zeichen oder Töne, trotz ihrer „Unanschaulichkeit", ganz ausdrücklich *bewußt gehabt*, ebenso wie „Grün" oder „Viereck", nicht aber sind sie erschlossene Begriffe der eigentlich theoretischen Psychologie, wie etwa der Begriff des *Wissens* als einer Disposition[1]) (der *Seele*). Daß sie, wie es allgemein zu sein scheint und bei mir jedenfalls ist, nie ohne anschaulichen

---

„Urteil" verwenden will, darf sagen: jedes bewußt Gehabte sei Urteil (im weitesten Sinne). Vgl. Ordnungslehre, S. 39, 47, 62f., 72f. und Wissen und Denken, S. 29f.

[1]) Marbe hat durchaus recht, wenn er sagt, daß ein Wissen als Disposition „niemals im Bewußtsein gegeben" sei (Exp. psych. Unters. üb. d. Urteil, 1901, S. 55ff., Fortschr. d. Psych. III. 1914, S. 4, 32, 34 usw.). Aber gewisse seiner unanschaulichen Bewußtseinslagen, die er mit Recht den Achschen „Bewußtheiten" gleichsetzt, sind darum doch ein unmittelbares bewußtes Haben von „Wissen" im Sinne eines als *endgültig* oder als *erledigt* Kennens. Und ein „als erledigt wissen" kann sich auf Wissen als Disposition beziehen: Ich weiß (d. h. ich schaue als erledigt), daß ich, oder besser meine Seele, etwas (als Disposition) weiß — wobei ich mich freilich „irren" kann. Vgl. auch G. E. Müller, Zur Analyse der Gedächtnistätigkeit III, 1913, § 129.

Träger erlebt werden, raubt ihnen nichts von ihrer phänomenologischen Besonderheit und Letztheit. Die Art des „Trägers"
ist ganz gleichgültig für sie: meist ist der Träger ein irgendwie
erlebtes Wort, oder auch nur ein Buchstabe[1]).

Ich brauche um so weniger an dieser Stelle breiter über
den Gegenstand zu werden, als ich in anderem Zusammen-
hange die Arten der bedeutungshaften Zeichen erörtert habe[2]).
Auch geht uns hier ja nur die Tatsache an, daß es eben eine
große Menge von solchen Zeichen phänomenologisch „gibt",
daß diese Zeichen gehabt werden können und gehabt werden.

Alle Zeichen in ihrer großen Mannigfaltigkeit sind den
*Empfindungs*inhalten, dem *Neben* und dem *Damals* gegenüber
neue, und sie sind andererseits letzte, nicht weiter zerleg-
bare Erlebtheitsinhalte vor dem ihre Bedeutung schauend
erfassenden Bewußtsein. Handelt es sich doch hier um das,
was in üblicher Redeweise das Erleben des „a priori", der
„Evidenz", „Wahrheit", „Richtigkeit" und wie immer heißt;
nur daß hier versucht wurde, das, um was es sich eigentlich
wirklich in allerletzter Schärfe phänomenologisch handelt, im
einzelnen zu erfassen.

---

[1]) Logik als Aufgabe, S. 20—22.

[2]) Logik als Aufgabe, S. 37—60. — v. Aster (Prinzipien
der Erkenntnislehre, Versuch einer Neubegründung des Nominalis-
mus, Leipzig ,1913) hat zu zeigen versucht, daß zwischen (anschaulichem)
Gegebensein und (unanschaulichem) Gedachtsein eine scharfe Grenze
sei, während wir, wie auch Husserl, die Denkpsychologen und andere,
beide im Begriff des Gehabtseins einander nahe bringen. Doch scheint
mir trotzdem v. Asters Urteilstheorie den Begriff des erlebten, bedeu-
tungstragenden Zeichens, so wie ich ihn verwende, implicite in sich
zu tragen (siehe z. B. S. 128). Übrigens trennt v. Aster Ich und Seele
nicht immer scharf genug (z. B. S. 65). Daß „Akte" nicht als Tätigkeiten erlebt werden, ist sicherlich richtig; Akte sind als seelen-wirklich
gemeinte psychologische Konstruktionen, wenn das Wort „Akt" überhaupt irgend etwas bedeuten soll, ganz ebenso wie „Wissen" als Disposition eine psychologische Konstruktion ist (s. vorige Anm.).

Man mag sagen, daß letzthin Beziehungen zwischen Empfindungsinhalten hier erfaßt werden; aber doch jedenfalls Beziehungen der allerverschiedensten Art, nicht nur der Stärke („Quantität") nach voneinander unterschiedene Beziehungen. Und auch nicht Beziehungen von solcher Form, daß sie den Dinghaftigkeiten, zwischen denen sie bestehen, als „Vermögen", also als beharrliche Eigenschaften, beigelegt werden können, wie das bei den Wirkungsweisen zwischen den physischen Letztdingen der Fall war. Es ist unsinnig von einem Gelb zu sprechen, das die „beziehliche" Eigenschaft habe, in verschiedenem Grade und Sinne verschieden zu sein von *Rot*, *g'*, *Warm*, und das eine bestimmte sehr zusammengesetzte „Beziehung" zu einem Bilde des Tizian oder zu dem naturwirklichen Dinge „Löwe" *habe*. Übrigens lassen sich im Reiche des Physischen die Raumesbeziehungen ja auch nicht zu Eigenschaften der Urdinge in irgend einer sinnvollen Weise umwandeln. Aber im Psychischen gibt es nun eben, wie wir gesehen haben, einen sehr großen Artreichtum von Beziehungen, bei denen das nicht angeht.

4. Der Vergleich der Mannigfaltigkeitsgrade, eine grundsätzliche Widerlegung der üblichen parallelistischen Lehre.

Wir gelangen jetzt zu den wichtigen abschließenden Betrachtungen, um deren willen wir diesen kurzen Ausflug in das unmittelbarste Wissensgebiet, das es gibt, in die Selbstbesinnungslehre oder „Phänomenologie" oder Gegenstandslehre gemacht haben. Wir wollen jetzt den Mannigfaltigkeitsgrad des Physischen mit dem Mannigfaltigkeitsgrad des Psychischen vergleichen und das Ergebnis dieses Vergleichs für die Frage des psycho-physischen Parallelismus verwerten.

Der Vergleich ist nicht schwer: Das *physische* Ding ist

in jedem Falle ein bestimmtes Beieinander von in ganz wenig Arten zerfallenden, vielleicht sogar von gleichartigen Urdingen: das *psychische* „Ding“ weist eine große Anzahl verschiedener Arten von psychischen „Urdingen“ auf. Und dazu kommt, daß im Physischen alle Beziehungen zwischen den Urdingen, von ihrem Wirken abgesehen, Abwandlungen der Beziehung *Neben* sind, während unter den psychischen Letztheiten eine große Fülle verschiedenartiger Beziehlichkeiten besteht, eine große Fülle der Beziehungen nicht nur der Bedeutung, sondern auch, kurz gesagt, der Art des Anhaftens nach.

Wie sollte da das psychische Ding im Reiche der physischen Dinge seine „Abbildung“ finden können? Eine solche Abbildung und damit der psycho-mechanische Parallelismus erscheint als ganz unmöglich. Denn es ist ein logischer Widersinn anzunehmen, daß zwei Etwasse, von denen das eine einen ganz anderen Grad und eine ganz andere Art der Mannigfaltigkeit besitzt als das andere, „eigentlich“ dasselbe sein sollten; und das lehrt der Parallelismus. Es ist also unausdenkbar, daß ein bestimmter Hirnzustand, welcher ja doch ein bestimmtes physisches Ding ist, sollte „von der anderen Seite“ ein psychisches Ding, das heißt ein bestimmter psychischer Erlebtheitsinhalt, sein.

Der Parallelismus hat sich meist seine Sache sehr leicht gemacht und ist durchaus im Rahmen unbestimmter Allgemeinheiten geblieben. Wenn er einmal bestimmter wurde, geschah das im Rahmen von sogenannten Analogien. Da sollte, zum Beispiel, Psychisches und Physisches einander entsprechen, so wie eine Kugelschale von außen, also konvex gesehen, derselben Kugelschale von innen, also konkav gesehen, entspricht. Aber da besteht eben doch beide Male die Eigenschaft des „Kugeligen“ in bestimmtem geometrischen Sinne. Der angeblich bestehende psycho-mechanische Sachverhalt wäre aber ein solcher, als wenn, um im Bilde zu bleiben, etwa eine konkav gesehene Kugelschale „von der anderen Seite" ein ebenes unregelmäßiges Siebeneck wäre — und zu dieser Aussage wird sich der „Parallelismus" denn doch wohl schwerlich verstehen. *Ordo et connexio rerum* kann also eben deshalb **nicht** *idem* sein wie *ordo et connexio idearum*, weil der Bau der einzelnen *res* in jeder Beziehung und ganz besonders mit Rücksicht auf den Mannigfaltigkeitsgrad ganz durchgreifend von dem Bau der einzelnen *idea* unterschieden ist[1]).

5. Beseitigung einer Schwierigkeit.

Der aufmerksame Leser wird nun hier mit einem Einwand kommen, welcher auf den ersten Blick in der Tat geeignet erscheinen kann, unsere aus dem Vergleiche des Physischen und des Psychischen gewonnene Schlußfolgerung zu Fall zu bringen. Es besteht doch, so wird er sagen, unter den physischen Urdingen eine geradezu unendlich große Mannigfaltigkeit der besonderen Beziehungen der Lage im Raum: Der Grad der Mannigfaltigkeit im Reiche „des" Mechanischen ist also trotz der wenigen Arten bestehender Urdinge geradezu unendlich groß: da ist die kreisförmige Lagebeziehung und die dreieckige und die quadratische und die parabolische, und da gibt es, im Stereometrischen, alle die unzähligen dreidimensionalen Beziehungen der Lage, welche von der genannten mathematischen Wissenschaft

---

[1]) Ich kann es Ziehen (Zeitschr. f. Psych. 77, S. 124) nicht zugeben, daß es für den Parallelismus nicht nötig sei, „daß jeder Letztheit in einem Gebiet gerade auch eine Letztheit im anderen entspricht". Gerade das wäre, wie ich meine, für einen Parallelismus jeder Form nötig.

untersucht werden. Was will man mehr? Hat man nicht, unserer Darlegung zum Trotz, für den Parallelismus in vollem Genügen den physischen, d. h. mechanischen „Grad" an Mannigfaltigkeit, den man braucht, mag auch der besondere Bau der beiden in Frage kommenden Mannigfaltigkeiten ein verschiedener sein?

Der Einwand ist auf den ersten Blick bestechend. Gleichwohl ist er falsch. Und der Nachweis, daß gerade dieser einzig mögliche Einwand gegen unsere Schlußfolgerung bei näherem Zusehen sich ganz klar und deutlich als falsch erweist, bildet ein besonders wichtiges Glied in der Gesamtheit unserer Gründe gegen die meist so leichthin angenommene Lehre vom psycho-mechanischen Parallelsein.

Es rettet aber deswegen der Einwand, daß trotz der wenigen Arten physischer Urdinge doch, eben wegen des großen Reichtums an besonderen Raumesbeziehungen, das Physische mannigfaltigkeitsgleich mit dem Psychischen sei, es rettet dieser Einwand deswegen die parallelistische Lehre nicht, weil er übersieht, daß die Fülle der besonderen physischen Raumesbeziehungen, von denen er redet, ja doch im Psychischen ihr Gegenstück auf einem ganz besonderen Einzelgebiete bereits hat, also nicht als physisches Gegenstück für die Mannigfaltigkeit des Psychischen überhaupt gelten kann. Die Fülle der physischen Raumesbeziehungen als eine besondere Art physischer Mannigfaltigkeit ist eben, anders gesagt, für ein Sondergebiet des Psychischen seiner Sondermannigfaltigkeit nach bereits vergeben — wennschon, wie sich noch zeigen wird, unserer Auffassung nach auch nicht in einem „parallelistischen" Sinne. Wenn also im Physischen jene Fülle von Raumesbeziehungen die Art seiner Mannigfaltigkeit recht eigentlich war, so ist jene Fülle von Raumhaftem im Psychi-

schen nur eine Art seiner Mannigfaltigkeit, eine Sondermannig-
faltigkeitsausprägung.

Man erwäge das Folgende:

Unter den Letztheiten meiner Erlebnisinhalte, unter den
seelischen Letztdingen also, ist der Gegenstand *Neben*. Aber
er ist da doch nicht nur als „neben“ schlechthin, sondern
in Sonderausprägungen der mannigfaltigsten Art, ja, in ganz
ebenso vielen Sonderausprägungen, wie Sonderausprägungen des *Neben* im Reiche des Physischen bestehen. Denn ich „habe“ doch eben auch Dreieckiges und
Viereckiges und Rundes und Parabolisches erlebnishaft. Das
aber ist das Wichtige, denn eben darum ist Fülle an Beziehungen der Raumhaftigkeit im Physischen für eine gewisse
besondere, aber eben nur für eine gewisse besondere Seite
des Psychischen schon „vergeben“. Diejenige Mannigfaltig-
keitsart und Mannigfaltigkeitsfülle, welche es im Physischen
im Rahmen des Neben gibt, gibt es auch im Reiche des
Psychischen. Im Psychischen gibt es aber noch ganz
andere Füllen und daher einen ganz anderen Grad der
Mannigfaltigkeit; und eben deshalb kann Fülle der Raumes-
mannigfaltigkeit, welche im Mechanischen Ausdruck der
Mannigfaltigkeit überhaupt ist, psychische Mannigfaltigkeit
nicht erschöpfend abbilden, wie es die übliche Lehre vom
psycho-physischen Parallelismus behauptet [1]).

Man wird hier nun nochmals mit einem Einwand kommen.
Man wird sagen: Erlebnisinhalte raumhafter Art richten sich
doch nur auf die Raumesbeziehungen der außerleiblichen
physischen Dinge, der Parallelismus aber behauptet Abbildung,
Sichentsprechen zwischen Erlebtheiten und den Raumes-

---

[1]) Daß physische räumliche Lage „zum Teil in der Qualität, zum
Teil in der Lokalität des psychischen Erlebnisses“ sich solle ausdrücken
können (Ziehen, l. c. S. 125), ist mir nicht einsichtlich.

beziehungen, welche physisch, aber innerleiblich, nämlich im Gehirn vorhanden, sind; diese physischen Raumesbeziehungen aber seien nicht schon in irgend einem Sinn „vergeben“.

Es ist nicht schwer zu zeigen, daß auch dieser Einwand die Sache des Parallelismus nicht retten kann: Wir haben ja doch ganz im allgemeinen gezeigt, daß das Physische, also irgend ein physisches Ding, ganz abgesehen von seinem völlig anderen Bau, einen geringeren Grad von Mannigfaltigkeit besitzt als das Psychische, das heißt als irgend ein psychisches Ding. Und zwar tritt, wie wir wissen, in die Mannigfaltigkeit beider Ding-reiche das Raumhaft-mannigfache ein, nur daß es im Physischen die ganze, im Psychischen nur einen Teil der Mannigfaltigkeit überhaupt bestimmt. Was soll es da heißen, daß im Innerleiblichen, im Gehirn, trotzdem physische Lagemannigfaltigkeit ganz anderen Mannigfaltigkeitsformen des Psychischen „parallel“ gehen könne? Auch „innerleiblich“ ist doch physische Raumhaftigkeit für psychisches Raumhaftigkeitserleben bereits vergeben; denn eben diese Erlebnisgruppe soll ja doch auch ihr physisches „Korrelat“ haben. Das könnte sicherlich in Hirnraumhaftigkeiten bestehen; das heißt: ich kann mir wenigstens denken — ich sage nicht, daß es so sei — daß mein Sehen von Quadrathaftigkeit oder Kugelhaftigkeit einem physischen Dasein im Hirn von quadrathafter oder kugeliger Anordnung „entspräche“. Aber wie andere Mannigfaltigkeitsarten des Psychischen in Hirnraumhaftigkeiten ihre „Parallele“ finden sollten — das kann ich mir auch jetzt nicht einmal irgendwie denken. Wie soll auch nur der bedeutungshafte Erlebheitsinhalt „$\sqrt{2}$“ in raumhafter Hirnmannigfaltigkeit — und Hirnmannigfaltigkeit ist ja im Sinne des Parallelismus nur raumhaft — „parallelisiert“ sein? Etwa durch eine quadrathafte Urdinganordnung im Hirn, die dann eine Diagonale vom Werte $\sqrt{2}$

aufwiese? Aber eben diese physische Mannigfaltigkeit im Gehirn wäre ja schon allenfalls das „Korrelat" für mein „Ein Quadrat mit seiner Diagonale Sehen" — also nicht für das Haben der allgemeinen Bedeutung $\sqrt{2}$.

An den Ergebnissen einer Zergliederung der Mannigfaltigkeit des mechanischen Naturhaften und des Erlebnishaften und an dem Vergleich dieser Ergebnisse mit Rücksicht auf den Grad an Mannigfaltigkeit scheitert also die übliche parallelistische Lehre durchaus und in jedem irgendwie möglichen Sinne.

VI. Die allgemeine Bedeutung des Satzes von der Zuordnung der Mannigfaltigkeitsgrade.

Eine Zwischenuntersuchung.

1. Allgemeines.

Der Begriff des *Grades der Mannigfaltigkeit* eines unmittelbaren oder mittelbaren Gegenstandes, welcher in dieser Untersuchung eine entscheidende Rolle gespielt hat, ist schon für meine an anderem Orte[1]) dargelegte Lehre von den vier möglichen Urformen des Naturwerdens und ebenso für meine Begründung einer induktiven Metaphysik[2]) von grundlegender Bedeutung gewesen.

Für die Lehre vom Naturwerden und für die Metaphysik kommt jener Begriff nicht allein in Betracht; er verkettet sich hier vielmehr mit dem Begriff des *Mitsetzens*, der „logi-

---

[1]) Ordnungslehre, S. 173ff.
[2]) Wirklichkeitslehre, S. 63f.

schen Konsequenz", als einem zunächst rein ordnungshaften (logischen), das heißt auf unmittelbare Gegenstände gehenden Begriff. Daß die *Folge* nie reicher an Mannigfaltigkeit sein könne als der *Grund*, ist die Wendung, in welcher der Begriff des Grades der Mannigfaltigkeit in der Werdelehre und in der Metaphysik auftritt. Anders gesagt: in „Analogie" zur „logischen Konsequenz" werden gewisse sehr wichtige Seiten der Werdelehre und der Metaphysik behandelt: es handelt sich um gewisse Beziehungen, die, obschon anders, so doch in einer gewissen Hinsicht ebenso geartet sind wie das Konsequenz-, das *Mitsetzungs*verhältnis.

Da, wo er zur Prüfung der Richtigkeit der parallelistischen Lehre dient, tritt der Begriff *Grad der Mannigfaltigkeit* nun ohne Beziehung zum Begriff des Mitsetzens auf, ist dafür aber an den Begriff *dasselbe* gekettet, in üblicher Redeweise also an den Begriff der *Identität*, nicht der *Konsequenz*, wobei freilich der Begriff der *Dasselbigkeit* ohne weiteres als auf mittelbar gemeinte Gegenstände, nicht auf unmittelbare Gegenstände, auf Setzungen, gehend angesehen wird:

Ein *Dasselbe* kann nur dann durch zwei verschiedene Kennzeichnungsgefüge als dasselbe dargestellt werden, wenn beide Gefüge zum mindesten den gleichen Grad an Mannigfaltigkeit besitzen. Weil Physisches und Psychisches, so wie beide sind, nicht durch mannigfaltigkeitsgleiche Gefüge gekennzeichnet werden können, deshalb ist *ordo et connexio rerum* nicht *idem ac ordo et connexio idearum*, wozu dann noch im besonderen die ganz verschiedenartige Bauform der *res* und der *ideae* kommt.

Es ist von großer Bedeutung, sich zu vergegenwärtigen, daß der *Satz von der Zuordnung der Mannigfaltigkeitsgrade*, wie wir die von uns verwertete Wahrheit passend kurz nennen können, nicht nur für die parallelistische Lehre auf dem

Gebiete der Psychophysik den letzten Prüfstein abgibt, sondern auch auf manchen anderen Gebieten philosophischer Überlegung: allemal da nämlich, wo behauptet wird, daß das Eine letzthin „eigentlich dasselbe" wie irgend ein Anderes sei. Und in sehr vielfältigen Hinsichten ist schon jene Aussage, daß zwei Dinge oder Verhältnisse „eigentlich dasselbe" seien, gemacht worden.

2. Erstes Beispiel: „Mechanismus und Teleologie".

An erster Stelle handelt es sich um das Verhältnis zwischen „Mechanismus" und „Universeller Teleologie". Es ließ sich da zeigen [1]), daß ganz unmöglich das Eine *dasselbe* wie das Andere, nur „von der anderen Seite gesehen", sein könne, daß vielmehr entweder kein *Mechanismus* im eigentlichen Sinne des Wortes oder aber keine *Ganzheit* („universelle Teleologie") bestehen könne, womit über die Sachfrage mit Rücksicht auf das, was ich „Ordnungsmonismus" nenne, noch gar nichts ausgemacht ist, welche Frage vielmehr einer gesonderten — und alsdann mit hoher Wahrscheinlichkeit zum „Dualismus" führenden — Untersuchung bedarf.

3. Zweites Beispiel: „Kausalität und Freiheit".

Ein anderes sehr berühmt gewordenes Beispiel, das nur vor dem Richterstuhl des *Satzes von der Zuordnung der Mannigfaltigkeitsgrade* seine Entscheidung finden kann, ist die Kantische Lehre [2]) von der „Möglichkeit der Kausalität durch Freiheit in Verbindung mit dem allgemeinen Gesetze der Naturnotwendigkeit", wenigstens dann, wenn „frei", hier soviel wie *absolut unbestimmt* heißen soll [3]).

---

[1]) Wirklichkeitslehre, S. 250f.

[2]) Kritik d. r. Vern., 1. Aufl., 2. Abt., 2. Buch, 2. Haupt., 9, III.

[3]) Meist freilich steht „frei" bei Kant für „wesensgemäß", d. h. aus dem intelligiblen Charakter als einer „beharrlichen Bedingung"

Was im Reiche der Dinge an sich frei ist, das soll im Reiche der Erscheinungen an der Hand der eindeutig bestimmenden Kausalität ablaufen. Also kurz: ein *Dasselbe* soll von „zwei verschiedenen Seiten" ganz und gar verschiedenartige Gefüge darstellen. Insonderheit soll die Handlung des Menschen durch das, was ihr in der Zeit vorhergeht, vollkommen bestimmt und doch „eigentlich" frei sein. Und zwar gilt hier das Bestimmtsein an der Hand der Kausalität zwar als zum Reiche der „Erscheinung" gehörig, aber ausdrücklich nicht als „Schein".

Diese seltsame Lehre erscheint uns darum durchaus unannehmbar, weil ein *Dasselbe* unmöglich von der einen Seite durch ein A und von der anderen durch ein ganz ausdrückliches Nicht-A gekennzeichnet werden kann.

Entweder: im Wirklichen gibt es echte Freiheit, dann muß sie auch als solche „erscheinen", und der logische Wunsch nach Bestimmtheit ist da, wo es sie gibt, erfahrungshaft unerfüllbar. Oder: es gibt durchgängige Bestimmtheit im Erscheinenden u n d im Wirklichen [1]). Daß sachlich eine Entscheidung unmöglich ist, habe ich anderenortes dargelegt [2]).

Abgesehen von der früher von mir behandelten Lehre von den Formen des Naturwerdens und von gewissen Seiten der Metaphysik haben wir also an drei Beispielen, deren eines den Gegenstand dieser Schrift bildet, die Wichtigkeit des Begriffs *Grad der Mannigfaltigkeit* für die zergliedernde philosophische Untersuchung dargetan. Dieser Begriff hat grundlegende, entscheidende Bedeutung: für die Frage des psycho-

____

notwendig folgend. Dann liegt natürlich kein Widerspruch vor. Kant ist hier nicht ganz klar und eindeutig. Näheres in Kantstudien, 22, 1917, S. 114ff. und in meiner kleinen Schrift Das Problem der Freiheit, 1917, 2. Aufl., 1920.

[1]) Vgl. auch Simmel, Kant, 1904, S. 145.

[2]) Wirklichkeitslehre, S. 106ff.

physischen Parallelismus, für die Frage, welche sich an die Begriffe Mechanismus und Teleologie knüpft, und für die Frage nach dem Verhältnis von Freiheit und Notwendigkeit.

Immer handelt es sich darum, daß jener Begriff uns hindert an der Vereinigung des Nichtzuvereinigenden, daß er uns zu einer Entscheidung zwingt von der Form: „Da sind zwei Dinge, welche nicht dasselbe sind" oder auch: „Da ist das eine und nicht das andere". Das erste ist der Fall beim Parallelismus, das zweite bei der Teleologie in ihrem Verhältnis zum Mechanismus und bei der Freiheitsfrage.

Und es möchte noch andere Felder philosophischen Denkens geben, auf denen der Begriff *Grad der Mannigfaltigkeit* fruchtbar ist für die Einsicht in den bestehenden Sachverhalt.

4. Drittes Beispiel: „Der Konflikt der Pflichten".

Ich denke hier an das, was in der Ethik, insofern sie eine Pflichtenlehre sein will, als „Konflikt der Pflichten" bekannt ist. Meist liegt der praktischen Ethik, der eigentlichen Pflichtenlehre, ein ganz unmittelbares stark gefühlsbetontes Erleben zugrunde, und da kann sie denn auf „Allgemeingültigkeit" nicht einmal in einem empirisch-naiven Sinne des Wortes Anspruch machen. Fragt sie sich aber nur, was das Erleben von Pflichtgefühl, oder allgemeiner das Gewissen, überhaupt in seinem Dasein bedeute, so kann sie, wenigstens vermutungsweise, etwas mehr leisten, indem sie das Dasein von Pflichtgefühl oder Gewissen als Zeichen für die Rolle ansieht, welche der einzelne in der noch unvollendeten Entwicklung eines unraumhaften überpersönlichen Ganzen spielt[1]). Kennte man das Ganze, so kann die Ethik nun sagen,

---

[1]) Ordnungslehre, S. 262ff., Wirklichkeitslehre, S. 175ff.

so könnte man das recht unbestimmte gefühlshafte Erleben von „Pflicht" inhaltlich schärfer fassen. Man kann das nun nicht; aber man darf wenigstens vermutungsweise sagen — im Dienste der Ordnungslehre, für die solche Aussage unbedingtes Ordnungserfordernis ist —, daß es sich um *ein* freilich un- bekanntes Endziel des werdenden Überpersönlichen handle, daß also auch „Pflicht", rein denkmäßig, in jedem Augenblick jedes einzelnen Menschendaseins ein deutig bestimmt sein würde, würde ich nur jenes Endziel kennen. Da darf es denn einen „Konflikt" von Pflichten eigentlich nicht geben; er muß jedenfalls stets als ein Vorläufiges, als ein Noch- nicht-wissen gelten, darf aber nie angesehen werden, als handle es sich da um ein Letztes, als läge die Sache nun einmal so, daß ich „eigentlich" zwei einander widersprechende Hand- lungen zugleich ausführen „sollte". Wo für das unmittelbare tatsächliche Erleben „Konflikte" sittlicher Art praktisch vorliegen, da wird man meist freilich offen sagen müssen, daß es sich eben letzthin überhaupt gar nicht um einen „sitt- lichen" Konflikt von der geschilderten Art handelt, sondern um einen Widerstreit zwischen etwas Sittlichem und etwas Nichtsittlichem, nämlich zwischen echter Pflicht und trieb- hafter Eigensucht. Mag diese Eigensucht auch noch so ver- schleiert sein und sich vielleicht einen noch so schönen Namen geben, sie ist doch nur allenfalls entschuldbar, aber nie dem echten sittlichen Gebote gleichgewichtig; sie kann also nie einen eigentlich „sittlichen" Konflikt, sei es auch nur im Sinne eines Nicht-klar-durchschauens, bedingen. Immerhin geben wir zu, daß es im Sinne eines Nicht-klar-durchschauens, eines Noch-nicht-wissens sittliche Konflikte geben kann.

Daß wir aber nur dieses zugeben können, daß es dagegen einen endgültigen „sittlichen" Konflikt nicht geben kann, das liegt nun letzthin wieder in dem Satz von der Zuordnung der Mannigfaltigkeitsgrade begründet: Das Ganze, auf welches Sittlichkeit bezogen wird, ist Eines: und Eines ist nicht Zwei, wenn die „Zwei" in einem ganz wesentlichen Punkte geradezu gegensätzlich verschieden sind.

Inwiefern die, übrigens auch aus anderen Gründen abzulehnende [1]), sogenannte Antinomienlehre Kants dem Satze von der Zuordnung der Mannigfaltigkeitsgrade gegenüber zusammenfällt, mag der Leser bei sich selbst im einzelnen ausmachen. Für die Freiheitsantinomie haben wir es ja, wenigstens in kurzer Andeutung, anhangsweise dargelegt.

5. Abschluß.

Zum Abschluß des Ganzen setzen wir noch einmal eine scharfe Formung des *Satzes von der Zuordnung der Mannigfaltigkeitsgrade* hin und fügen ihm einige Erläuterungen bei:

Zwei verschiedene Setzungen können nur dann einen mittelbaren Gegenstand als *denselben* kennzeichnen, wenn sie gleichen Grad der Mannigfaltigkeit besitzen, derart, daß jedes Teilgefüge der einen Setzung durch ein Teilgefüge der anderen vollständig ersetzt wird.

Unter „Kennzeichnung" ist hier eine vollständige Kennzeichnung verstanden, derart, daß allen Letztheiten des mittelbaren Gegenstandes Rechnung getragen wird.

Ein besonderer, besonders wichtiger Fall von Nichtgleichheit zweier Mannigfaltigkeitsgrade ist dann verwirklicht, wenn die eine Setzung ein bestimmtes Teilgefüge, etwa von beziehlicher Art, besitzt, dessen Nichtbestehen in der anderen Setzung ausdrücklich behauptet wird, ohne daß ein Ersatz durch ein anderes, in der ersten Setzung nicht bestehendes, Teilgefüge gegeben ist. Es kann also, zum Beispiel, was von

---

[1]) Ordnungslehre, S. 241 ff.

der „einen Seite" gesehen, determiniert ist, nicht, von der anderen Seite gesehen, ausdrücklich unbestimmt, „frei", sein; es kann nicht, was von der „einen Seite" gesehen reich an Qualitäten ist, von der anderen Seite gesehen arm an Qualitäten sein, zumal dann nicht, wenn der Quantitätsreichtum der anderen Seite schon im Bereiche einer einzigen Qualität der ersten seine „Parallele" hat.

Es ist also nicht:

a) Der Naturmechanismus im engeren Sinne Ausdruck *Desselben* wie das Seelenleben;

b) Mechanismus als Mechanismus mit universeller Teleologie zu vereinigen;

c) Notwendige Bestimmtheit im erfahrungshaften Werden mit metaphysischer Freiheit zu vereinigen;

d) Eine Handlung zu gegebener Zeit ebenso „sittlich" wie eine andere.

Sondern es ist:

a') Die mechanische Physis etwas grundsätzlich anderes als die Psyche;

b') Ganzheit etwas grundsätzlich anderes als Mechanismus, wennschon beide nebeneinander verwirklicht sein mögen;

c') Bestimmtheit der Freiheit widerstreitend, wobei es der Fall sein möchte, daß die Frage nach dem Bestehen von Freiheit unlösbar ist;

d') Nur eine Handlung zu gegebener Zeit „sittlich".

Zweiter Teil

Der Leib, die Seele und ihr Verhältnis.

Der Nachweis, daß die Lehre vom psycho-mechanischen Parallelismus unmöglich ist, bedeutet eine Einsicht von lediglich verneinendem Wesen und es ist durchaus irrig, nun etwa zu meinen, weil die Lehre des üblichen Parallelismus falsch ist, müsse die üblicherweise so genannte Lehre von der „psycho-physischen Wechselwirkung" richtig sein. Etwas anderes als der übliche Parallelismus ist selbstverständlich sachlich richtig, wenn er selbst sachlich falsch ist, aber das ist nicht die Lehre von der „Wechselwirkung" in der ihr von fast allen Vertretern gegebenen Form; in dieser Form ist sogar die genannte Lehre geradezu ein logisches Unding, wie sich bald zeigen wird.

Um unsererseits zu mehr als bloß verneinenden Einsichten in Sachen des Problems „Leib und Seele" zu gelangen, wollen wir damit beginnen festzustellen, was wir denn unter „Leib" und unter „Seele" jeweils in Sonderheit verstehen, um erst nach solcher Untersuchung die mit den beiden Worten bezeichneten Gegenstände wieder in Zusammenhang zu bringen.

I. Der Leib.

1. Mein Leib.

Mein Leib ist zunächst einmal ein *Natur*körper, wie jeder andere, das heißt, wie hier nicht näher ausgeführt, sondern nur hingesetzt werden kann[1]), ein gewisses Etwas, welches ist auf Grund gewisser unmittelbar bewußter Daten, die ich „Wahrnehmungen" nenne, *meine*, und zwar meine als diesen einzigen Einen, welcher sich verhält, *als ob* er für sich selbständig bestünde in seinem Sein und Werden. Nenne ich meine unmittelbaren Bewußtseinsdaten „unmittelbare Gegenstände", so muß ich meinen Leib,.wie alle Naturkörper, einen mittelbaren, d. h. eben „gemeinten", Gegenstand nennen.

Freilich „meine" ich meinen Leib auf Grund eines viel größeren Reichtums unmittelbarer Bewußtseinsdaten als irgend einen anderen Naturkörper, ja auch als irgend einen fremden „Leib". Mein Leib wird nämlich auch auf Grund aller sogenannten „Körperempfindungen" und noch auf Grund aller möglichen anderen sehr seltsamen Sachverhalte, welche wir sogleich aufzählen werden, als eben mein Leib „gemeint" oder, wenn man so sagen will, „objektiviert".

Kehren wir einmal die Betrachtung um und fragen nicht, auf Grund welcher Daten ich meinen Leib zu einem mittelbaren Gegenstand objektiviere, sondern welche besonderen Eigentümlichkeiten mir mein schon als objektiviert gedachter Leib darbietet, so ergibt sich uns das folgende als Gesamtheit der wesentlichsten Umstände, in denen sich mein Leib von allen anderen Naturkörpern, also auch von „fremden" Leibern unterscheidet.

1. Nur mein Leib gibt mir Körperempfindungen aller Art und gelegentlich Schmerzempfindungen.

2. Nur mein Leib gibt mir, wenn seine Oberfläche berührt wird, Berührungsempfindungen mit „Lokalzeichen" von jeweils

---

[1]) Näheres in Ordnungslehre, S. 132ff.; Logik als Aufgabe, S. 27ff.; Wirklichkeitslehre, S. 5f.; Wissen und Denken, S. 40f.

spezifischer und in ihrer Gesamtheit einander innerhalb eines Ganzen zugeordneten Art.

3. Nur die Reizung der Sinnesorgane meines Leibes gibt mir „Empfindungen".

4. Nur mein Leib bewegt sich im Gefolge von mir erlebter Willensinhalte.

5. Bei Abschluß der Augen und Ohren nur meines Leibes gegen die Außenwelt verschwindet mir die wahrnehmbare Natur.

Das alles sind gewiß seltsame Dinge, und es ließen sich ihnen noch andere beifügen.

Aber wir wollen nun weiterhin meinen Leib rein naturtheoretisch betrachten, und da gilt er denn schlechthin als „organischer Körper" wie jeder andere, ohne Rücksicht auf die unmittelbaren Bewußtseinsdaten, auf Grund derer er gerade zu meinem Leibe geworden ist.

Naturtheoretisch betrachtet ist mein Leib ein materielles System von nicht mechanischer, sondern von autonomer, sogenannter „vitalistischer" Gesetzlichkeit des Verhaltens. Er ist durch die autonomen Prozesse[1] der Vererbung von den Vorfahren her und der embryonalen Entwicklung entstanden, und er zeigt auch in seinem eigenen Verhalten, rein als Naturkörper betrachtet, nichtmechanische Autonomie, wie auch in dieser Studie, in dem wichtigen Kapitel über die Handlung[2], gezeigt worden ist.

Das autonome nicht-mechanische Naturagens, welches für die Lebensvorgänge wesentlich ist, haben wir *Entelechie* genannt. Wir wollen es, insofern es an den als „Handlungen" bezeichneten Bewegungen eines Menschenleibes beteiligt ist, in Sonderheit *Psychoid* nennen. Mein Leib untersteht

---

[1] Philos. d. Organ. Bd. I.
[2] s. o. S. 32ff.

also in seinen Bewegungen dem Wirken eines „Psychoids".

2. Nichtmechanisch-mechanische Wechselwirkung.

Über die Art und Weise, in der ohne Hinzuziehung von etwas „Psychologischem", rein naturwissenschaftlich das „Eingreifen" eines Nichtmechanischen in die mechanische Natur gedacht werden kann, bin ich anderenorts so ausführlich gewesen, daß es nicht nötig ist, hier dieser ganz grundlegenden Frage — die leider immer noch nicht in ihrer tiefen Bedeutung genügend erfaßt wird — näher zu treten. Und zwar ist das hier obwaltende Verhältnis im eigentlich naturwissenschaftlichen [1]) wie im rein ordnungshaften [2]), „logischen", Sinne gleichermaßen von mir erschöpfend behandelt worden.

Auch von den besonderen Beziehungen zwischen Gehirn einerseits und Psychoid andererseits habe ich anderenorts sehr eingehend gehandelt. Das Hirn ist für das Handeln als Naturereignis notwendig, sein Bau in den verschiedenen Tiergruppen bedingt des Handelns besondere Form und Höhe, Hirndefekte bedingen gelegentlich, obschon nicht immer, bestimmte Handlungsdefekte [3]).

---

[1]) Phil. d. Org. II, S. 178ff. (engl. Ausg. S. 176). Vgl. auch die kurze Darstellung in The Problem of Individuality, London 1914, S. 34—40. Ferner: Logische Studien über Entwicklung. Zweiter Teil, Sitzungsber. Akad. Heidelberg 1919, Nr. 18, S. 16ff, und Das Problem der organischen Form, 1919, S. 57ff. (In Schaxels Abhandl. zur theor. Biol., Heft 3).

[2]) Ordnungslehre, S. 173ff. The Problem etc. S. 41 ff.

[3]) Diese Tatsachen werden gelegentlich unter den Gründen für den Parallelismus aufgeführt. Wir haben das nicht getan, nicht einmal unter Abweisung. Denn es scheint uns ganz klar zutage zu liegen, daß aus diesen Tatsachen für die Frage „Wirkung oder Parallelgehen?" durchaus gar nichts entschieden werden kann. Im übrigen vergleiche man oben S. 35ff.

Aber des Hirns physikalisch-chemische Zuständlichkeit in irgend einem gegebenen Zeitpunkt ist nicht der vollständige zureichende Werdegrund, sondern nur ein Teilwerdegrund für das, was an ihm und von ihm aus geschieht[1]); und das, obwohl in jedem beliebigen Zeitpunkt das Hirn als materielles Ding seine bestimmte physiko-chemische oder, in Kürze, mechanistische Kennzeichnung besitzt.

Daß eben dieser mechanistischen Kennzeichnung als solcher nicht ein Zustand bewußten Habens als „anderer Seite" entspricht, war ja das wesentliche letzte Ergebnis des ersten Teiles dieser Schrift. Ja, es darf geradezu gesagt werden: Es ist denkbar, daß ein großer Techniker der Zukunft einen Augenblickszustand eines Hirns einmal nachbildet; da würde denn nach unserer Lehre nicht auf der „anderen Seite" ein Augenblickszustand bewußten Habens zu finden sein — und es würde auch nach unserer Lehre überhaupt keine „Handlung" aus diesem künstlich geschaffenen Augenblickszustand des Hirns sich ergeben, sondern ein chaotischer Zerfall[2]), denn das rein naturhafte Sosein und Werden eines lebendigen Gefüges ist ja nur unter der Leitung der *Entelechie* gewährleistet; doch gehört das zum Lehrgefüge des eigentlichen Vitalismus.

II. Ableitung des Begriffs meine Seele.

1. Ich, der (bewußt) Habende und das Gehabte.

Was wir unter dem Worte „Mein Leib" verstehen, haben wir, soweit es für unsere Zwecke notwendig war, dargelegt. Wir wenden uns der schwierigeren Frage zu, was denn das

---

[1]) Phil. d. Org. II, S. 85 ff (engl, Ausg. S. 89ff.).
[2]) Phil. d. Org. II, S. 258; hier ist freilich von Morphogenetischem die Rede, was aber dasselbe bedeutet. Siehe auch Logos, IV, S. 62ff.

Wort „Meine Seele" bedeuten solle, und ob es überhaupt etwas Klares bedeuten könne.

Wir wollen den Begriff „Meine Seele" ganz ursprünglich aufbauen, „konstruieren", und zwar von den Anfängen alles Philosophierens aus.

Im Anfange alles Philosophierens steht der allein von allen „Sachverhalten" völlig unbezweifelbare Ursachverhalt.

Ich habe bewußt geordnetes Etwas

oder auch:

Ich weiß (geordnetes) Etwas

Die Logik geht das *Etwas* an, insofern es geordnet ist, die Psychologie, insofern es *bewußt gehabt* ist. Bezeichnet man Psychologie doch oft geradezu als „Lehre von den Gesetzen des Kommens und Gehens der Bewußtseinsinhalte", womit man meint, daß sie zu untersuchen habe, nach welchen Regeln die Abfolge der von *Ich* bewußt gehabten Etwasse oder Inhalte oder Gegenstände geschehe. Also um das bewußt Gehabte als Gehabtes und um die Fülle des Gehabten im Rahmen der Zeit handelt es sich für die Psychologie.

Es ist aber durchaus nicht ohne weitere Erörterung klar, was das alles, was zumal *Abfolge, geschehen, Zeit* hier heißen soll.

Klar ist vor allem anderen, daß das bewußt ich-gehabte Etwas als ich-gehabtes sozusagen das Material für alle Psychologie darstellt und daher zunächst einmal in seiner Wesenheit festgestellt werden muß. Man nennt die sich so ergebende Hilfs- oder Vorwissenschaft zur eigentlichen Psychologie heute „Phänomenologie".

Einen Teil der phänomenologischen Arbeit, und zwar denjenigen, welchen man die Elementarlehre nennen könnte, haben wir im ersten Teil dieser Schrift geleistet, und zwar dort, wo wir den Grad der Mannigfaltigkeit „des Psychischen" feststellten. Da zeigten wir, was es an Unzerlegbarkeiten im Bereiche des Ich-Gehabten gibt.

Da wir hier keine vollständige Psychologie schreiben, sagen wir nur kurz, daß sich der phänomenologischen Elementarlehre eine Komplexlehre an die Seite stellen muß. Denn die Elemente sind nie als Elemente, sondern stets in Komplexen bewußt gehabte, und das Wesen dieser Komplexe muß festgestellt werden. So ergeben sich Wahrnehmungen, Vorstellungen, Erinnerungsbilder, Gefühle, Gedanken, Willensinhalte, die sich aber wohl alle nur durch das Mischungsverhältnis der Elementarien in ihnen von einander unterscheiden, derart, daß es im Grunde nur einen Komplextypus: „Gedanke" gibt. Denn auch das „Anschaulichste", das ich bewußt haben kann, ist nie ganz frei von unanschaulichen Tönungen, und der abstrakteste Gedanke andererseits hat Beimengungen anschaulicher Art. An anderem Orte mag man darüber Näheres nachlesen [1]).

2. Mein Selbst.

Die Materialien für Psychologie haben wir so beschafft. Bildet ihr Beschafftsein etwa schon die ganze Psychologie? Das meinen viele der psycho-mechanischen Parallelisten; für sie gibt es kein psychisches Geschehen, sondern nur psychisches Dasein. Aber den üblichen Parallelismus haben wir ja in jeder Form geschlagen.

Wir wollen also mehr; wir wollen auf Grund der Materialien eine Gesetzeslehre von ihrem Kommen und Gehen als ichgehabten aufbauen.

Bisher waren uns „das Psychische' nur das, was wir jetzt „die Materialien" nennen, nämlich das bewußt Gehabte als Ich-gehabtes. Jetzt wollen wir den Begriff „das Psychi-

―――――――

[1]) Die Logik als Aufgabe, Abschnitt 3.

sche", wenn der Ausdruck erlaubt ist[1]), erheblich erweitern. Wir wollen zeigen, was es eigentlich heißt, „Psychologie" als Werdegesetzeswissenschaft selbständiger Art treiben, was in dem Begriff einer Psychologie in diesem Sinne liegt. Eben diese Analyse wird uns den Begriff „das Psychische" kennzeichnen helfen.

Aber eine einfache Sache ist unser Unternehmen nicht. Erwägen wir das folgende:

Ich habe bewußt Etwas — dieser Satz stand uns im Anfange aller Philosophie.

Viele der Etwasse, welche ich bewußt habe, tragen nun an sich eine Tönung oder ein Zeichen, welches bedeutet *damals*. In solchem Falle sage ich, daß ich mich „erinnere". Wohlverstanden: Ich ha be „jetzt" das Erinnerungsbild, aber es meint mir, daß ich „damals" etwas hatte. Ja, das „jetzt" wird erst zum *Jetzt* durch Bezug auf das *Damals*. Das schlichte *Haben* als solches ist zeitunbezogen.

Das *damals*-Zeichen kann *Zeit*zeichen heißen; es ist die einzige Form, in der „Zeit" unmittelbar bewußt gehabt wird; alles andere an Zeit ist sehr zusammengesetzte Ordnungs- bildung, wie sich sogleich zeigen wird.

Die *damals*-Tönungen sind sehr spezifisch und voneinander verschieden nach Maßgabe einer bestimmten Beziehung, die zwischen ihnen besteht: der Beziehung *früher-später*. Ja sie ordnen sich nach Maßgabe dieser Beziehung in eine Reihe: die *Zeit*reihe erster Stufe (also noch nicht die endgültige „Zeit").

Wenn ich ein Etwas mit *damals*-Tönung bewußt *habe*, so sage ich, daß ich es, nämlich eben „damals", gehabt habe oder kurz hatte. Aber ist das „Ich", welches hatte, das-

---

[1]) Eigentlich ist er nicht erlaubt, sondern nur bequem; vgl. Ord- nungslehre, S. 69.

selbe wie das „Ich" des Ursachverhaltes, welches schlicht hat? Offenbar nicht; das „Ich", welches hatte, wird ja von dem schlicht habenden „Ich" selbst *gehabt,* während das schlicht habende Ich von nichts gehabt wird als von sich selbst (und darum allein von allem, was es „gibt", kein „Begriff" ist).

Benennen wir, was verschieden ist, auch durch verschiedene Worte; sagen wir also für das Ich, welches hatte, von jetzt an: *Mein Selbst. Ich* also setze *mein Selbst* als das gehabt Habende.

Mein selbst ist nun offenbar der Reihe der *Damals*punkte, mit ihrer Beziehung *früher-später,* zugeordnet: als überhaupt gehabt-habendes steht es als immer dasselbe in ihr, als besonderes gehabt-habendes, d. h. den besonderen Inhaltlichkeiten seitens vergangenen Habens nach, war es zu jedem Damals-Punkt ein anderes.

Wir setzen jetzt an Stelle der Reihe der *damals*-„Punkte" mit der Beziehung *früher-später,* also an Stelle der Zeitreihe erster Stufe, die stetige Zeit, wobei „stetig" das heißen soll, was es in der Mathematik heißt[1]).

So erst haben wir das gewonnen, was man kurz *Die Zeit* nennt. Die Reihe der *Damals*-Punkte war diskontinuierlich, *die Zeit* ist kontinuierlich.

Wenigstens aufgeworfen soll hier die phänomenologisch wichtige Frage werden, ob die Damals-Punkte wirkliche „Punkte", in analogienhafter Bedeutung des Wortes sind. Ich habe bisher in meinen Veröffentlichungen über diesen Gegenstand den „Punkt"-Charakter des Habens, und also auch der Damals-Zeichen, sehr scharf betont, vornehmlich, um jeden Gedanken an ein Ich-*tun* auszuschließen, von dem wirklich nichts selbstbesinnlich vorfindlich ist. Aber es

---

[1]) Ordnungslehre, S. 101 ff.

könnte ja immerhin das *Haben* von *zeitdifferentialartigem* Wesen sein, ohne das ein *Tun* des Ich in Frage käme.

Das eigentliche schlichte *Haben* des schlichten *Ich* nun scheint mir allerdings mit Zeitlichem gar nichts zu tun zu haben, also weder im „Zeit"-Punkt, noch im „Zeit"-Differential zu sein. Zum Haben im *Jetzt*, wie schon gesagt ward, wird es erst, wenn es zum *Damals* in Beziehung tritt. Die Frage ist also eigentlich erst: sind die Habensakte das *Selbst* (und damit dann freilich, aber sekundär, auch der Habensakt des *Ich*) punktural oder differential mit bezug auf Zeit. Und da scheint mir die richtige Antwort diese: endlich ausgedehnt mit Rücksicht auf Zeit sind sie sicherlich nicht, d. h. so etwas, wie Zeit-strecke wird nicht unmittelbar so wie das Raumesneben, nach Art einer Qualität, erlebt. Aber irgend eine Beziehung auf „streckenhafte" Zeit müssen die Habensakte doch wohl haben, sonst könnte sich nicht auf ihrer Grundlage stetige Zeit als (unanschaulicher) Bedeutungsbegriff aufbauen, und so sage ich denn: die Habensakte sind zeitdifferential.

3. Meine Seele.

Wir gehen zurück zum Begriff kontinuierliche Zeit: das *Selbst* steht in ihr, aber als Unstetiges in einem Stetigen; es selbst ist keineswegs stetig geworden dadurch, daß es einem Beziehungsrahmen eingereiht wurde, welcher stetig ist.

Wie soll angesichts dieser Sachlage Psychologie geschaffen, wie soll das mit-der-Zeit-Anderssein der selbst-gehabten Inhalte als bewußt gehabtes verständlich werden, wie soll es gefaßt werden mit Hilfe der Begriffe, welche in der Naturlehre von so erprobter Bedeutung sind: der Begriffe *Werden* und *Kausalität*? [1]).

---

[1]) Näheres über diese Begriffe in der Ordnungslehre, S. 124 ff., 145 ff. und 173 ff.

Wenn ich mich als tuend und werdend unmittelbar bewußt hätte, so wie Ich mich als Ich habe, dann wäre alles einfach; dann gäbe das Haben sich selbst die Bindung zwischen den gehabten Inhalten. Aber davon ist keine Rede: ich habe die (unanschaulichen) Bedeutungen *werden* und *wirken*, aber ich habe nicht als werdender und wirkender [1]).

In der Zeitreihe stehen also diskret und diskontinuierlich die Habens-, die „Akt"-momente des Selbst mit ihren gehabten Inhalten. Kein „Strom" des Erbens ist unmittelbar da, sondern so etwas wie ein Geknatter elektrischer Funken — wobei freilich, was hier nicht ausgeführt werden kann, das Wort „Geknatter" ein schlechtes Bild ist, weil das Haben im Jetzt ja alles früher gehabte als erledigt in sich trägt, weil ein *damals*-Ton an dem anderen sitzt wie eine Schale über der anderen, weil sich im Reiche des Gehabten das Gegenwärtige und das Vergangene für den Habenden durchdringen, oder wie sonst man Unsagbares mit Worten, die nicht dafür gemacht wurden, auszudrücken beliebt (Bergsons „durée"). Und dazu kommen die langen Unterbrechungen im Haben des Selbst durch den traumlosen Schlaf.

Wie helfe ich mir, um Psychologie als Wissenschaft möglich zu machen, oder, ordnungstheoretisch richtiger: Was schaue ich trotz allem doch noch in der Gesamtheit der Sach-

---

[1]) Aber das Wahrnehmen von Bewegungen schließt doch ein *Werden* des Wahrnehmenden voraus? Ich meine: nein; und ich wage den paradoxen Ausdruck, daß Bewegung als Gegenstand überhaupt nicht „wahrgenommen", d. h. unmittelbar gehabt, wird, sondern immer eine gemeinte Bedeutung ist. Wenn ich einen Körper sich bewegen „sehe", so sehe ich ihn an einem bestimmten *Hier* mit dem Erledigungstone, daß er im Sinne des stetigen Nebens dort und dort usw. in Zuordnung zur stetigen Zeit gewesen ist. Wenn man glaubt Bewegung zu „sehen", so „sieht" man, wenn überhaupt etwas, ein bloß räumliches Neben oder aber man *hat* (man „empfindet"), gewisse Augen-„bewegungen" als etwas besonderes Qualitatives von irreduzibler Art.

verhalte, die sich auf die Reihe der Habensakte des Selbst beziehen, an Ordnungshaftem?

Ich schaue, daß *mein Selbst* in seinem diskontinuierlichen Dasein in der stetigen Zeit eine stetige Grundlage seiner Selbst hat und nenne diese *meine Seele*.

Von *Ich* über *mein Selbst* ist also der Weg bis zu *meine Seele* gegangen [1]).

Meine Seele ist also das stetig gefaßte *mein Selbst,* oder anders: sie ist *mein Selbst* durch unbewußtes (aber nicht physisches!) Sein und Haben vervollständigt.

Aber wie geht es nun zu in der *Seele*? Es *wird* in ihr und es *wirkt* — aber wie?

Hier kommen wir auf die Frage nach den möglichen Formen der Psychologie [2]).

Die erste dieser möglichen Formen können wir als reine Bewußtseinspsychologie, oder auch, nach einer von ihr benutzten Hypothese, als „Spurenlehre" bezeichnen. Diese Lehre verwirft überhaupt den Seelenbegriff, sie kennt psychologisch nur das, was wir das Material der Psychologie nannten, nämlich die diskontinuierliche Abfolge der Erlebnisse des bewußten Selbst und Ich. Alle Verknüpfung zwischen den Diskontinuitäten wird physisch vollzogen, durch Prozesse im Hirn; ja, die bewußten Erlebnisse selbst sind „epiphänomenale" parallele Korrelate zu Hirnzuständen. Die eigentliche „Theorie" dieser Lehre ist also eine Abart des psycho-

---

[1]) In meiner Ordnungslehre, S. 124ff., ist nur *Ich* und *Seele* unterschieden. Der Begriff *Mein Selbst* ist zuerst in der ersten Auflage dieser Schrift (1916, S. 104f.) eingeführt. S. auch *Wissen und Denken,* 1919, S. 34ff. und 128ff.

[2]) Die Lehren von der Wahrnehmung und der Willenshandlung lassen wir dabei außer Betracht; wir betrachten nur das sogenannte „Innenleben".

mechanischen Parallelismus und ist damit im ersten Teil dieser Schrift endgültig von uns abgewiesen.

Die zweite a priori mögliche Form von Psychologie ist die reine Assoziationspsychologie; sie ist reine Psychologie, nicht etwa, soweit sie Theorie ist, von vornherein Psychophysik; sie kennt Unbewußt-psychisches. Die Seele freilich ist ihr nur ein allgemeiner unbewußter Rahmen ohne nähere Kennzeichnung, „in" welchem sich das psychische Geschehen abspielt. In diesem Rahmen sind „Vorstellungen", im weiteren Sinne des Wortes, in unbewußtem Zustande, gleich als ob es Analoga zu Dingen wären; sie sind usprünglich durch Sinneswahrnehmungen in sie hineingekommen. Zwischen den gleichsam seelischen Dingen gibt es nun ein Wechselspiel des Wirkens nach Art einer Mechanik und nach Maßgabe der Gesetze der sogenannten Berührungsassoziation. Im Laufe dieses Wechselspiels führen die seelischen Dinge einander aus dem unbewußten in den bewußten Zustand über. Diese, wenn sie streng genommen wird, rein summenhaft psychologische Theorie wird wohl in ihrer völligen Reinheit nur sehr selten vertreten. Fast alle Gründe, die wir gegen den üblichen Parallelismus angeführt haben, gelten auch gegen sie.

Es bleibt als Letztes die Lehre von der organisierten Seele. Die Seele ist wie ein unbewußter, d. h. nicht-ichbewußter[1] unanschaulicher Organismus mit immanentem Wirkensgesetz. Sie ist Bewahrerin[2] („Gedächtnis") und

---

[1] Mit diesem Ausdruck soll nur gesagt sein, daß *Seele* nicht gleich *Ich* sei; die Frage, ob ihr metaphysisch ein Korrelat des Ich zuzuschreiben sei, bleibt unerörtert.

[2] Hier kommt der Begriff der „seelischen Spur" in Frage, der, ursprünglich von Beneke stammend, neuerdings unter dem Namen eines „seelischen Residuums" von E. Becher (Arch. f. d. ges. Psych. 35, S. 125) wieder verwertet worden ist. Von Einzelheiten aus seiner Schrift seien die Sätze (S. 137) genannt: „Man bedenke, daß wir nicht

Ordnerin. Die Begriffe *Produktion, Reproduktion, Assoziation, Konstellation, determinierende Tendenz, Aufgabe, latente Einstellung* und andeie Begriffe der neueren Seelenlehre spielen hier ihre Rolle; sie alle sind also Begriffe der psychologischen Theorie und bezeichnen nicht unmittelbar vorfindliche phänomenologische oder, wenn man will, „psychische", d. h. bewußt gehabte Sachverhalte [1]). Alles bleibt recht im Unbestimmten, da Raumhaftes nicht in Frage kommt, und da wir nur dann imstande sind, Einzelheiten in einem werdenden und wirkenden System in Klarheit zu fassen, wenn es raumhaft ist, ein Sachverhalt, der uns ja schon im Reiche der *Natur* nur das Mechanische, nicht aber das Biologische bis in seine feinsten Einzelheiten zu erfassen erlaubt.

Was „ist" nun also die *Seele*? Ein besonderes Reich des Seins, welches wir *meinen* als einen *mittelbaren* Gegenstand, der sich verhält, *als ob* er als dieser Eine selbständig für sich bestünde. Die gesamte Seinskennzeichnung, die wir auf S. 87 für das, was *Natur* heißt, aufstellten, gilt auch für das Seinsreich *meine Seele*; und irgendetwas „in" der Seele, um bildlich zu sprechen, also etwa eine bestimmte determinierende Tendenz, oder, ganz allgemein gesprochen, ihr „unbewußtes"

---

eigentlich den Verlust von Residuen, sondern lediglich das Aufhören ihrer Reproduzierbarkeit erfahren." „Wir haben nur verständlich zu machen, wie Hirnstörungen die Reproduzierbarkeit von Residuen schädigen oder aufheben können." Zu ihr, aber nur zu ihr sei eine „entsprechende Hirnerregung erforderlich."

[1]) A. Reininger (*Das psycho-physische Problem*, 1916) trennt gleichfalls „Psychisches" und „Psychologisches" ganz scharf, und an denselben Unterschied denkt Koffka (*Zur Analyse d. Vorstell. u. ihrer Gesetze*, 1912), wenn er von „Deskriptions"- und von „Funktionsbegriffen" redet. — Reiningers Lehren sind den meinigen in manchem verwandt: vom Ich gibt es nach ihm nur eine „negative Psychologie" (l. c. S. 78); die Methode der Psychologie sei nicht „deskriptiv" sondern „zirkumskriptiv" (S. 221).

Wirken und Werden und ihre „Vermögen" [1]), ist auch *gemeint* wie irgendein besonderer einzelner Naturgegenstand.

Aber *Seele* und *Natur* sind gänzlich disparate Reiche des Seins. Nicht kann es Werden und Wirken geben zwischen ihnen.

Hier nun müssen wir anknüpfen, um zu sehr bedeutsamen Folgerungen, ja, um unsererseits zu einem „psycho-physischen" Parallelismus zu gelangen.

III. Der wahre Parallelismus.

Wir hatten „das Psychische" erfaßt, so wie wir sein Wesen selbstbesinnlich erschauen, und da widersetzt es sich denn der mechanistischen Parallelisierung. Noch einmal betonen wir besonders scharf, daß wir im ersten Teil dieser Schrift das Psychische seinem Wesen nach erfaßt hatten als ein bewußt gehabtes, und daß wir von der Erfassung dieses seines Wesens ausgegangen sind. Nicht aber sind wir davon ausgegangen, wie das Seelische beschaffen sein „sollte", damit der übliche Parallelismus zu retten wäre — denn es ist eben nicht so beschaffen.

Nicht als ob wir damit ein „Unbewußtes" zuzulassen ganz und gar nicht geneigt gewesen wären. Im Gegenteil, auch wir haben Nichtbewußtes als daseienden mittelbaren Gegenstand gesetzt, und zwar nicht nur im Sinne des Physischen, der *Natur*, sondern auch im Rahmen eines besonderen Seinskreises, der uns *meine Seele* heißt. Aber wir setzen geradezu *die Seele* und nicht „unbewußte Vorstellungen" als

---

[1]) Hierher, also zum Psychologischen, nicht zum Phänomenalen, gehören auch die Kantischen „Vermögens"-begriffe Sinnlichkeit und Verstand usw.

so etwas wie einzelne seelische Dinge in summenhaftem Beieinander; von dem Unbewußten, „der Seele", mag dann freilich gesagt werden, daß sie unbewußte Vorstellungen habe,
aber sie hat eben diese unbewußten „Vorstellungen" und
vieles andere. Daß wir so und nicht anders vorgehen, hat aber
ganz einfach darin seinen Grund, daß die phänomenologischen
Tatsachen, welche Selbstbesinnung ganz unmittelbar offenbart,
ein anderes Vorgehen eben durchaus nicht erlauben. Das
sogenannte bewußte Seelenleben, daß heißt die Gesamtheit
der Inhalte einschließlich aller „Bedeutungen", welche Ich
bewußt erlebe oder „habe", steht ja doch zur Untersuchung,
soll „erklärt" werden. Und diese Gesamtheit ist, wie wir
gesehen haben, so geartet, daß sie durch das Wechselspiel
von irgend etwas Summenhaftem eben ganz und gar nicht
„erklärt" werden kann.

Mit der Setzung „die Seele" oder, besser, *meine Seele*,
bleiben wir nun aber, wie gesagt, zunächst ganz und gar in
einem ganz besonderen, eigenartigen Seinskreise, nämlich in
demjenigen, der ausgesprochenermaßen der seelische oder, von
der Wissenschaft, die ihn bearbeitet, der psychologische Seins-
kreis heißt. Die Frage nach dem Parallelismus tritt zunächst
gar nicht auf, denn der Begriff des Physischen, der *Natur*,
tritt zunächst noch gar nicht auf.

Nun gewinnen wir aber den Seinskreisbegriff *Natur* aus
anderen Quellen. Wir haben ihn, und wir wissen, daß handelnde Menschen als Naturkörper, daß *mein Leib* als Naturkörper in das Werden der Natur bestimmend eingreift[1]).

---

[1]) Diese absichtlich unverändert gelassene Stelle ist von Ziehen in
seiner im übrigen sehr gründlichen und sachgemäßen Kritik der ersten
Auflage dieses Buches mißverstanden worden (Zeitschr. f. Psych., 77,
S. 125f.). Ich sage nicht, daß wir zum Begriff *Natur* „erst dadurch
gelangen, daß wir wissen, daß mein Körper ... eingreift". Ich sage

Und daraus erwächst nun ein seltsames Verhältnis. Es erwächst daraus nämlich nun auch für uns eine Art des „Parallelismus", ja ein echter psycho-physischer Parallelismus, aber nicht ein solcher, bei dem das Wort „physisch" soviel wie „mechanisch", oder auch nur im materiellen Sinne „leiblich" bedeutet. Soviel ich sehe, hat nur Eduard von Hartmann das hier obwaltende Verhältnis klar geschaut und in seiner Sprache ausgedrückt[1]); ich werde aber im folgenden, was hier zu sagen ist, in meiner eigenen Sprache vorbringen.

Meine denkende und wollende *Seele* setze ich als *tätige*, obwohl *Ich* Denken und Wollen als Tätigkeiten nicht erlebe, sondern nur „Gedanken" *habe*. *Tätige Seele* ist also — solange ich nicht Metaphysik treibe — ein Ordnungsbegriff, genauer: ein Kreisbegriff, ganz wie *Natur*. Aber *meine Seele* ist durchaus ein Seinsreich für sich; sie als „Seele" lasse ich nur dasjenige „unbewußt" schaffen, was Ich in seinen Ergebnissen bewußt erlebe. Nie und nimmer greift sie *als Seele* in die Natur und ihr Werden ein. Nun steht aber mein Körper und nun stehen andere Menschenkörper im Naturwerden, und zwar in einer mechanistisch, wie gezeigt ist, nicht auflösbaren Weise. Rede ich von *Natur*, so darf ich immer nur sagen, daß *Natur*faktoren besonderer Art, „vitale" Naturfaktoren hier am Werke sind.

Was ich nun weiter tun kann, hat einen tieferen Sinn [2]) nur auf einer irgendwie metaphysischen Grundlage, für deren

---

vielmehr: wir haben den Begriff Natur, und andererseits wissen wir, daß mein Körper eingreift. Die Ansicht, welche Ziehen mir hier zuschreibt, halte ich geradezu für gänzlich falsch (vgl. z. B. *Wirklichkeitslehre*, S. 5f.). Ziehen dürfte anstatt „*und* wir wissen" fälschlich „*denn* wir wissen" gelesen haben.

[1]) **Zeitschr. f. Phil. u. phil. Kritik** 121, und sonst.
[2]) s. o. S. 3f.

Begründung aber hier nicht der Ort ist[1]). Will ich diese Grundlage überhaupt nicht schaffen — gut, dann bleiben die Reiche *Seele* und *Natur* getrennt, und weitere Fragen treten zwar auf, sind aber wenig bedeutungsvoll. Ich will aber, aus hier nicht mitzuteilenden Gründen, bedeutungsvolle Fragen. Dann muß nun auch ich ans „Parallelisieren" gehen; dann muß auch ich von einem Etwas reden, das seine „zwei Seiten" hat, eine physische Seite und eine psychische Seite. Ja, wenn ich ganz streng sein will, bedarf ich sogar dreier und nicht nur zweier Parallelen.

Naiv gesprochen, soll mein bewußtes Erleben als Seinsreich zum Seinsreich *Natur* in irgend eine Verknüpfungsbeziehung gesetzt werden. Nun komme ich von meinem Erleben in seiner Unmittelbarkeit zu meiner *Seele*, als einem „unbewußten" Seinsreich für sich; ich komme andererseits von der Zergliederung gewisser Naturvorgänge als „Natur"-vorgänge, nämlich von der Zergliederung der menschlichen Handlungen und auch der Handlungen „meines Körpers", zur Setzung nichtmechanischer Naturvorgänge und Naturdinge. Will ich nun, um das übliche Bild zu gebrauchen, „parallelisieren", so kann ich also offenbar nur so sagen:

In irgend einem Zeitpunkt ist mein bewußtes Haben Abbild eines Zustandes meiner (unbewußten, d. h. „mir" nicht bewußten) Seele; meine Seele, insofern sie mir bewußtes Haben schafft, ist aber metaphysisch zugleich dasselbe Etwas, das nicht-mechanisch in die Natur als Naturfaktor eingreift. In diesem Letzten, darin, daß ich meine Seele dasselbe wie ein gewisses Naturhaftes, von nicht-mechanischer Art, sein lasse, liegt das Metaphysische des Gedankenganges — ohne das ja jede Art von „Parallelisierung" des tiefsten Sinnes ermangelt.

---

[1]) Vgl. meine *Wirklichkeitslehre*.

In kurzen Zeichenausdrücken liegt also der Sachbestand,
wenn wir „Parallelität" bildlich durch das übliche Zeichen ∦
ausdrücken, folgendermaßen:

<table>
<tr><td>Dieser mein Be-
stand bewußten ∦
Habens</td><td>diesem Zustand
meiner Seele als ∦
eines Sonder-
seinskreises.</td><td>diesem Zustand des das
Werden meines Kör-
pers bestimmenden
nicht-mechanischen
Naturfaktors</td></tr>
</table>

Oder noch kürzer

<table>
<tr><td>Mein Haben</td><td>∦</td><td>diesem Zustande
meiner Psyche</td><td>∦</td><td>diesem Zustand eines
„Psychoids" als Natur-
faktors.</td></tr>
</table>

Und zwar handelt es sich hier nun um ein ganz echtes
wahrhaftiges „Parallelsein" in dem üblichen bildhaften Sinn
dieses Wortes. Es handelt sich wirklich um verschiedene
„Seiten"; und zwar für den, der sich des logischen Ganges,
welcher zu den Begriffen *Seele* und *Natur* führt, streng bewußt
bleibt, sogar um drei, für den, der sich begnügt, echte
Bewußtheit und Nichtbewußtheit des Seins zu scheiden, um
zwei. Das Bewußte als solches in die Natur eingreifen
lassen, darf aber auch der Naive hier nicht; will er „psychische
Faktoren" naturbestimmend sein lassen, so dürfen das immer
nur „unbewußt"-psychische sein, die naturwissenschaftlich aber stets nur als nicht-mechanische auftreten und
dann allerdings vielleicht mit gewissen positiven — aber eben
nie und nimmer eigentlich „psychologischen" Zügen — aus-
gestattet werden können [1]). Das schillernde Wesen der Worte

______

[1]) Immer wieder begegnet hier meine Lehre vom Organischen
Mißverständnissen, und das, obwohl ich mich so ganz besonders
scharf (z. B. Phil. d. Org. II, S. 50f., 137ff., 283, 306) gegen die Ver-

„psychisch“ und „psychologisch“ hat hier arge Verwirrung gestiftet.

Wollen wir der „Parallelität“ zwischen dem in echter Weise *bewußt Gehabten* und demjenigen, das von der Psychologie der Seele zugesprochen wird, dem *Seelenwirklichen* also, nun noch, wenigstens mit Rücksicht auf das Allerwesentlichste, im einzelnen nachgehen, so kann das am besten in Form einer Tabelle geschehen. Wir setzen dabei Bekanntschaft voraus einerseits mit den Ergebnissen des Sichselbst-Besinnens, der „Phänomenologie“, insofern die Grundarten des bewußten Habens in Frage kommen, andererseits mit den grundlegenden Ergebnissen der Psychologie.

Es entsprechen sich alsdann:

Phänomenologisch	Psychologisch
Ich habe bewußt einen Gedanken	Meine Seele hat gedacht.
Ich habe bewußt ein Willenserlebnis	Meine Seele will.
Ich habe bewußt das besondere Willenserlebnis „Aufgabe lösen“	In meiner Seele besteht eine determinierende Tendenz.
Ich habe bewußt einen auf eine Aufgabelösung bezüglichen „Einfall“	In meiner Seele besteht eine latente Einstellung
Ich habe bewußt ein Etwas mit dem *Damals*-Zeichen	Meine Seele reproduziert kraft ihres G e d ä c h t - n i s vermögens.

mengung von Psychologischem und Naturtheoretischem, welche leider manche „Vitalisten“ begangen haben, ausgesprochen habe. N. Hartmann (Philos. Grundfragen d. Biol., 1912, z. B. S. 111) und Kroner (Zweck und Gesetz in der Biol., 1913, z. B. S. 28, 51) werden meiner Lehre schon eher gerecht. Ganz besonders zutreffend hat sie O. Ewald in einer Besprechung meiner Philosophie des Organischen dargestellt (Kantstudien, XVIII, S. 510).

Ich habe bewußt ein Etwas mit dem Beziehlichkeitszeichen *ähnlich zu* oder *gleichzeitig mit*	Meine Seele reproduziert nach dem Schema der sog. Ähnlichkeitsassoziation oder Berührungsassoziation.
Ich habe bewußt eine Wahrnehmung	In meiner Seele trat ein gewisser nicht aus ihrem Werden allein stammender Zustand auf.
Ich habe bewußt ein Taterlebnis mit dem Zeichen des *Ich wollte es*	In meiner Seele ist ein gewisser unfaßbarer Ablauf zu Ende.
Keine phänom. Vertretung [1]	Meine Seele hat Wissen.

Diese Tabelle kann beliebig erweitert werden.

Ihre beiden zuletzt genannten „Parallelen" fordern gebieterisch eine Aussage über die dritte Parallelität, d. h. eine Aussage über das dem Seelenwirklichen parallelgehende nichtmechanische Naturwirkliche: im letzten Falle „wirkt" dieses Nichtmechanische auf die materielle Natur, im vorletzten empfängt es von ihr eine „Wirkung".

IV. Die psychophysische Person.

Nach Feststellung der wahrhaft bestehenden psychophysischen „Parallelität", derjenigen nämlich zwischen Vorgängen in *meiner Seele*, Vorgängen in *meinem Psychoid* und meinem bewußten Erleben, sind uns noch ein Paar andere bedeutsame Begriffssetzungen erlaubt, welche in Erörterungen des ersten Teiles dieser Schrift [2] schon vorbereitet worden sind.

---

[1] Vgl. S. 70, Anm. 1.
[2] s. o. S. 47 ff.

Wir dürfen diese Parallelität als Ganzes mit dem kurzen Namen *Mein beseelter Leib* oder *Die unmittelbare psychophysische Person* bezeichnen[1]) und dürfen ihr, obwohl sie logisch zwei verschiedenen „mittelbaren" Seinszeichen und dazu dem Reiche des unmittelbar Gehabten angehört, ein metaphysisches Korrelat unterlegen — wenn wir überhaupt Metaphysik treiben wollen. Wir dürfen sagen: ein Wirkliches stelle sich in Form unmittelbaren Habens und in Form zweier, von dem unmittelbar Habenden „gemeinter" Reiche empirischen Seins dar; es „erscheine" in diesen drei Formen, von denen die erste unstet erlebt, die beiden anderen als stetig gemeint sind. Erst die Gewinnung dieses Standpunktes wird die Meisten befriedigen. Gekünstelt wird ihnen die, logisch geforderte, dreifache Parallelisierung erschienen sein, zumal wohl die Zerreißung des als stetig „Gemeinten" in *Psychoid* und *Seele*, in denen beiden es einander korrespondierendes *Werden* geben soll (was es allein in dem unmittelbar erlebten Reiche nicht gibt).

Es gibt nun viele Naturkörper, welche sich gleich oder ähnlich ihrer Werdegesetzlichkeit nach verhalten, wie mein Leib; die „anderen Menschen" nämlich und die Tiere. Sie darf ich fassen, *als ob* ihrem Psychoid eine *Seele* parallel zugeordnet sei. Das ergibt den Begriff: *Die andere psychophysische Person.*

Nur durch ein doppeltes *als ob* ist also der „Andere" zu fassen: erstens ist er, als Naturgegenstand überhaupt, so genommen, *als ob* er für sich bestünde als dieser einzige Eine, und zweitens, *als ob* ihm *Seele* parallel zugeordnet sei [2]).

---

[1]) *Wirklichkeitslehre*, S. 308 u. sonst.

[2]) Die von Lipps und Scheler in jeweils anderer Form vertretene Lehre, daß ich ein unmittelbares, unbezweifelbares Wissen um das „andere Ich" habe, kann ich nicht annehmen. Siehe auch oben S. 34 Anm. Rickert (*Gegenstand der Erk.*, 3. Aufl., S. 93 unten) erklärt es für „schlechthin widersinnig", das eigene individuelle Ich für realer zu

In ziemlich kompliziertem Sinne kann nun natürlich auch nicht nur von fremder psycho-physischer Person und damit von fremder *Seele*, sondern auch von fremdem *Selbst* gesprochen werden, als kurz von *Du*, von *Dir* als *bewußt* habendem. Doch wollen wir dem nicht weiter nachgehen.

Dagegen wollen wir noch einmal kurz zusammenstellen, was man die verschiedenen Phasen der Abwandlung des Subjektbegriffs nennen könnte:

1. *Ich*, der schlicht bewußt Habende.
2. *Mein Selbst*, der bewußt gehabt Habende, um dessen Gehabthaben *Ich* weiß.
3. *Meine Seele*, die kontinuierliche „unbewußte" Grundlage meines Selbst.
4. *Mein beseelter Leib* oder *Die unmittelbare psycho-physische Person*.
5. *Die andere psycho-physische Person*.

Der zweite, dritte, vierte und fünfte dieser Ausdrücke bezeichnen „Begriffe", d. h. ich-gehabte Setzung.

Nur der erste, *Ich*, ist kein Begriff, keine Setzung, kein Gegenstand, obschon er *sich selbst habend* ist.

———————

V. Die Frage nach der Eindeutigkeit psychophysischer Zuordnung überhaupt.

Es muß jetzt noch in Kürze auf die wichtige Frage eingegangen werden, ob es nicht, wennschon, wie wir wissen, keinen Parallelismus, so doch wenigstens eine eindeutige

———————

halten als das fremde individuelle Du". Dieser Satz ist unseres Erachtens höchstens in metaphysischem Sinne richtig, als logischen Satz verstehe ich ihn gar nicht. Übrigens schränkt Rickert später (S. 113) seinen Ausspruch erheblich ein und arbeitet mit Recht mit dem Begriffe der „Analogie".

Zuordnung überhaupt zwischen einem bestimmten physiko-chemischen Hirnzustande und einem bestimmten Zustand der Seele oder, von der „anderen Seite", des Psychoids gibt.

Oft wird ja unter „Parallelismus" heutzutage, in mißleitender Weise, gar nichts anderes verstanden als die Behauptung solch' einer eindeutigen Zuordnung: mögen Gehirn und Seele zwei Etwas sein, die miteinander in Wechselbeziehungen des Werdens und Wirkens stehen, so sagt man, auf alle Fälle entspricht diesem bestimmten Zustand des Gehirns immer dieser ganz bestimmte Zustand der Seele, angezeigt durch einen bestimmten Zustand meines bewußten Erlebens.

Aber auch diese Form[1]) eines Parallelismus, welcher eigentlich keiner ist, wenigstens im ursprünglichen Sinne des Wortes nicht, scheint uns nun nicht zu Recht zu bestehen, oder doch nur in einem sehr eingeschränkten Maße. Daß freilich Gehirnzustände, welche von Reizungen der Sinnesorgane und der sensiblen Nerven herstammen, eindeutig denjenigen seelischen Dingen, welche Empfindungen oder echte Wahrnehmungen genannt werden, zugeordnet sind, das ist sicherlich anzunehmen, und zwar unbekümmert darum, ob das Gesetz von der „spezifischen Energie" der Sinnesnerven oder Hirnteile angenommen wird oder nicht. Aber eben nur

---

[1]) Eine ganz besondere Stellung zum Problem des Parallelismus wird von Wundt eingenommen; vgl. zumal den Schlußabschnitt der 5. Aufl. der Physiologischen Psychologie (auch in Sonderausgabe als Naturwissenschaft und Psychologie, 1903). Das „Parallelismusprinzip" hat nach Wundt nur „heuristische Geltung"; es wird sehr vorsichtig von ihm verwendet, ja, in dem Begriff der „schöpferischen Resultante" und dem, was damit zusammenhängt, eigentlich durchbrochen. In der Fassung des psychisch Elementaren, als welches Wundt nur Empfindungen und „subjektive Gefühlserregungen" kennt (S. 105 des Sonderabdrucks), mußten wir erheblich von ihm abweichen, ebenso wie die neuere Denkpsychologie und Husserls Phänomenologie das tut.

mit Rücksicht auf das ganz echt und rein Empfindungshafte und Wahrnehmungshafte als solches besteht hier, so scheint uns, eindeutige Zuordnung. Dieses Empfindungs- und Wahrnehmungshafte tritt nun aber nie rein auf, sondern stets mit Zeichen aller möglichen Art zu einem zusammengesetzten Ganzen vermengt; und welcher Art dieses Ganze als Erlebtes ist, das ist nun freilich nicht in eindeutiger Zuordnung zu diesem Hirnzustand, sondern das ist durch Hirnzustand und Zuständlichkeit der Seele gemeinsam bestimmt. Denn die Seele hat ja ihre, auf ihrer Geschichte beruhende, eigene Zuständlichkeit. Von Bergson[1]) und im Anschluß an ihn von Carr[2]) ist in unseren Tagen die Lehre von dem Nichtbestehen einer eindeutigen Zuordnung zwischen Hirnzuständen und Seelenzuständen besonders eindringlich vertreten worden, und mir scheint, man könne diese Lehre annehmen, auch wenn man die besondere Form, welche Bergson ihr gegeben hat, nicht uneingeschränkt annimmt.

Und, umgekehrt, braucht auch ein bestimmter motorischer Hirnzustand, das heißt ein solcher, der sich in einer bestimmten Bewegung zu entladen bereit ist, nicht aus nur diesem einen bestimmten Seelenzustande herzustammen: er kann als ganz derselbe Hirnzustand eine große Mannigfaltigkeit besonderer seelenzuständlicher Werdegründe haben.

Kann doch übrigens, wie wir wissen, im Mechanischen

---

[1]) Bergsons Leib-Seeletheorie (Matière et Mémoire, deutsch 1908) ist so eigenartig ausgeprägt und in sich gefestigt, daß es schwer ist, Einzelheiten derselben zu Einzelheiten anderer Lehren in Beziehung zu bringen. Man beachte vor allem seine Lehre vom Gehirn als bloßem Handlungsvermittler und seine Lehre vom „Souvenir pur" (zusammengefaßt in Nr. VI des Schlußkapitels von M. et M.). Vgl. auch B.'s Aufsatz Le paralogisme psychophysiologique in Rev. Métaph. et Mor. XII, 1904, S. 895.

[2]) Proc. Aristot. Soc. N. S. 11, 1910—11, S. 134f. und Philos. Rev. 23, 1419, S. 257.

irgend eine und dieselbe „Resultante“ als Wirkung aus dem Getriebe der allermannigfachsten Geschehnisse erwachsen. Und die Seele oder vielmehr ihr Naturkorrelat, das *Psychoid*, ist eben eine „Mannigfaltigkeit“ in sich, eine „intensive Mannigfaltigkeit“ [1]), deren Eigengetriebe zwar selbst nicht mechanisch ist, sich aber in die mechanische Natur hinein entläd.

Die Parallelität *Seele-Psychoid*, so dürfen wir also wohl zusammenfassend sagen, offenbart sich an Materie, aber nicht in materiellen Zuständen, als ob diese sie vollständig abbildeten, und erst recht offenbart sie sich nicht in mechanischer Abbildung.

VI. Die Seele als gegebene Mannigfaltigkeit.

An dieser Stelle kommen wir nun auch noch einmal auf „das Empfinden“ in seiner Zuordnung zu physischen Geschehnissen zurück — auf diese eigentliche Crux aller Psychophysik:

Wir haben gezeigt, daß der echte Parallelismus schon auf dem Gebiet der reinen Empfindungslehre versagt, weil eben Empfindungsinhalte reicher an Mannigfaltigkeit sind als das Physische, was ihnen überhaupt irgendwie „parallel“ gehen könnte [2]): die Empfindungsletztheiten unterscheiden sich in echt „qualitativer“ Weise, sogar innerhalb eines und desselben Sinnesgebietes. Die physischen Reize aber sowohl,

---

[1]) Über diesen Begriff siehe Phil. d. Org. II, S. 137 (engl. Ausg. S. 137).

[2]) Wir sind dabei, dem Zwecke dieser Studie entsprechend, im Allerallgemeinsten geblieben, weil es unseren Absichten genügt. Sehr erfolgreich ließen sich hier die Ergebnisse der neueren Tonpsychologie verwerten, wie sie jüngst in sehr klarer Weise von Stumpf zusammengefaßt worden sind (Ber. VI. Kongr. exp. Psych., 1914, S. 305).

also zum Beispiel elektromagnetische Strahlen verschiedener
Wellenlänge, als auch die von ihnen in den Sinnesorganen
bewirkten Zustände, also etwa photochemische Wirkungen,
unterscheiden sich untereinander im Sinne des Mechanismus
nur als Verschiedenheiten von Bewegung oder Anordnung
immer derselben ganz wenigen Arten von dinghaften Letztheiten [1]). Wie ein bloßes Mehr oder ein bloßes Andersliegen
auf der einen, der physischen, Seite den Solchheitsunterschied
zwischen Rot und g', ja auch nur zwischen Rot und Blau
auf der „anderen Seite" sollte „parallelistisch" bedingen
können, das ist grundsätzlich uneinsehbar, und zwar im Sinne
einer vollendeten Widersinnigkeit.

Ganz anders, wenn von Zuordnung im Sinne eines Wirkens
die Rede ist. Denn die *Seele* oder vielmehr das Psychoid ist
eben eine Mannigfaltigkeit in sich, obschon sie keine
Mannigfaltigkeit im Raum, überhaupt keine irgendwie „an-
schaubare" Mannigfaltigkeit und daher für das Ich eine dem
An-sich des Soseins nach durchaus unzugängliche Mannigfaltigkeit ist — wobei das „An-sich" gar nicht einmal un-
bedingt [2]) metaphysisch verstanden zu werden braucht. Eine
gegebene Mannigfaltigkeit aber, welche von Etwas im Strome
des Werdens und Wirkens „betroffen" wird, zeitigt eine
Wirkung, an deren Sosein nicht nur das Betreffende, sondern
auch sie selbst als daseiendes Betroffene durch ihr gegebenes

---

[1]) Es sei noch kurz dem gelegentlich gehörten Einwand gegen
die von uns vertretene Lehre begegnet, daß man doch nicht wissen könne,
was „die Materie alles wirklich sei" und was sie „alles zu leisten ver-
möge"; vielleicht sei das viel mehr, als im Mechanismus irgendwelcher
Form zum Ausdruck komme. Gut; aber wir nennen eben nur das,
was im Mechanismus zum Ausdruck kommt, materielles Geschehen
und können geradezu zeigen, daß andere Züge oder Seiten „der Materie,
wie sie wirklich ist", jedenfalls nicht Etwas sein würden, das sich durch
Angaben über Bewegung und Lage im Raum erschöpfend darstellen läßt.

[2]) S. o. S. 3f und 103.

Sosein sich bestimmend beteiligt. Jetzt wird es wenigstens grundsätzlich, obwohl freilich immer noch nicht im einzelnen, verständlich, wie bloße Unterschiede des Soviel und der Raumesanordnung in der Ursache Solchheits-(Qualitäts-)Unterschiede in der Wirkung zustande bringen können: das von der Ursache Betroffene, die *Seele*, beziehungsweise das *Psychoid*, brachte eben seine eigene Einrichtung, sozusagen, mit, und diese Einrichtung war darauf abgestimmt, auf bloß quantitative Reizunterschiede, einschließlich von Unterschieden der Lage, mit qualitativen Wirkungsunterschieden gleichsam zu antworten.

Da ist nichts mehr grundsätzlich widersinnig, wie bei jedem parallelistischen Deutungsversuch der Beziehung zwischen physischem Empfindungsreiz und psychischer „Empfindung". Dem *Satz von der Zuordnung gleicher Mannigfaltigkeitsgrade* wird jetzt Genüge getan; denn die *Seele* (das Psychoid), als ein Gegebenes, bringt eben eine eigene Mannigfaltigkeit mit: „latente" Bestandteile dieser Mannigfaltigkeit werden erweckt; sie sind so eingerichtet, daß sie als qualitativ verschiedene durch bloß quantitativ Unterschiedenes je für sich erweckt werden können. Und das ist etwas ganz anderes, als die Aussage, es könnten quantitative Unterschiede und Unterschiede bloßer Lage für sich genommen „von der anderen Seite" qualitativ verschieden sein.

So bedeutet also die Zergliederung der Psychophysik der Empfindungen in ganz besonders klarer und deutlicher Weise nicht nur einen vernichtenden Schlag gegen den Parallelismus, sondern geradezu eine Stütze für die Lehre von der *Seele* als einer gegebenen Mannigfaltigkeit — und das, obschon „höhere Funktionen" hier noch gar nicht einmal in Frage kommen.

Das, was gemeinhin als „Substantialität der Seele" bezeichnet wird, soll mit der Lehre, daß die Seele „eine gegebene Mannigfaltigkeit" sei, nicht ohne weiteres behauptet werden. Als „mittelbarer Gegenstand" gleichsam selbständigen Daseins im Sinne der Ordnungslehre ist nach unserer Lehre nun allerdings meine Seele „substantial": das heißt, sie beharrt als dieselbe solche nach gewissen Zügen ihrer gegebenen Wesensausprägung durch eine gewisse Zeit hindurch. Aber eben diese „gewisse Zeit" versuchen wir nicht in irgend einem Sinne zu bestimmen; ebensowenig, wie wir hier irgend eine Ansicht über das „wirkliche" Wesen der Seele aussprechen; das ist für unsere Zwecke hier gar nicht notwendig [1]). Und auch was „Zeit" überhaupt letzthin bedeutet, brauchen wir für unsere Zwecke hier nicht des näheren zu wissen. Die Frage des Parallelismus läßt sich ohne Eingehen auf diese Dinge behandeln. Sie ist jetzt von uns endgültig behandelt und erledigt worden.

---

[1]) Es ist für unsere Zwecke nicht einmal notwendig, eine Ansicht darüber zu haben, ob es „viele Seelen" im Sinne des letzthin Wirklichen gibt oder nur „einen" personenübergreifenden *νοῦς ποιητικός*. Seele ist auf jeden Fall eine Mannigfaltigkeit in sich.

Namenverzeichnis